(491e)

Vente du Lundi 5 au Jeudi 8 Mars 1883

BELLE COLLECTION

DE

PORTRAITS

ACTEURS — ACTRICES — MUSICIENS

LITTÉRATEURS, ETC.

FEMMES CÉLÈBRES

MARIE-ANTOINETTE

DESSIN DE MOREAU LE JEUNE, ETC.

PIÈCES HISTORIQUES ET RELATIVES A

Louis XVI et Marie-Antoinette

ÉCOLE DU XVIIIᵉ SIÈCLE ET MODERNE

1ʳᵉ PARTIE

Mᵉ Maurice DELESTRE
COMMISᵗᵉ-PRISEUR
Rue Drouot, nᵒ 27

M. VIGNÈRES
Mᵈ D'ESTAMPES
rue de la Monnaie, 21

PARIS — 1883

4623
4516
7714 - 50
6943
____
23,796   50

19313 4

1ᵉ annonce Figaro   84
2ᵉ   —   96
1ᵉ annonce Chronique   27
2ᵉ   —   30
14. Montages à 5ᶜ   70
81   —   à 10ᶜ   8 10
20   —   à 15   3
4   —   à 20   80
4   —   à 25   1
                              250 60   250 6
                                        19062 8

Yd 2545   Tome 1
   10°

CATALOGUE

D'UNE BELLE COLLECTION

DE

PORTRAITS

Un grand nombre pouvant servir aux illustrations

ACTEURS, ACTRICES, MUSICIENS
LITTÉRATEURS, etc,

Femmes célèbres

MARIE-ANTOINETTE

DESSINS DE MOREAU LE JEUNE ET AUTRES

ALLÉGORIES, CARICATURES

PIÈCES HISTORIQUES ET RELATIVES A

Louis XVI et Marie-Antoinette

ÉCOLE DU XVIIIᵉ SIÈCLE ET MODERNE

1re PARTIE

DONT LA VENTE AURA LIEU

HOTEL DES COMMISSAIRES - PRISEURS

RUE DROUOT, 9, SALLE N° 4

AU PREMIER ÉTAGE

Les 5, 6, 7 et 8 Mars 1883

A UNE HEURE PRÉCISE

Mᵉ **MAURICE DELESTRE**, Commissaire-Priseur,
rue Drouot, 27,

Assisté de **M. VIGNÈRES**, Marchand d'Estampes,
rue de la Monnaie, 21, à l'entre-sol,

CHEZ LEQUEL SE DISTRIBUE LE CATALOGUE

EXPOSITION PUBLIQUE

Le Dimanche 4 Mars 1883, de une heure à cinq heures

PARIS — 1883

ORDRE DES VACATIONS

PREMIÈRE VACATION — Lundi 5 Mars

Acteurs, Actrices, Musiciens, Littérateurs. N°s 1 à 225

DEUXIÈME VACATION — Mardi 6 Mars

Littérateurs............................ N°s 227 à 330
Femmes célèbres....................... 331 à 453

TROISIÈME VACATION — Mercredi 7 Mars

Femmes célèbres .... N°s 454 à 592
Marie-Antoinette....................... N°s 593 à 681
    • (Le dessin de Moreau au n° 628).

QUATRIÈME VACATION — Jeudi 8 Mars

Marie-Antoinette....................... N°s 682 à 763
Allégories, Pièces historiques............ 764 à 862
Ecole du XVIIIe siècle................... 863 à 889
Estampes modernes..................... 890 à 925

CONDITIONS DE LA VENTE

L'ordre du Catalogue sera suivi.
La vente sera faite au comptant.
Les Acquéreurs paieront CINQ POUR CENT en plus
des enchères, applicables aux lrais.

M. VIGNÈRES, chargé de la vente, remplira les Commissions.

NOTA. Toute commission, sans prix fixé ou sans limite
déterminée, sera regardée comme nulle.

M. VIGNÈRES se charge de faire marquer les prix aux
Catalogues des Ventes qu'il a faites. Les personnes qui le
désirent peuvent s'adresser à lui *franco*.

Plusieurs Amateurs éloignés en ont reconnu l'utilité pour
les guider dans leurs achats sur les valeurs des Estampes.

Les Catalogues des Ventes à faire seront envoyés aux
personnes qui en feront la demande *affranchie*.

AVIS. — Nous prions MM. les amateurs éloignés de ne pas
attend e au dernier jour, pour que les lettres arrivent le
matin de la vente; les lettres étant distribuées après mon
départ.

Choix de Catalogues avec prix marqués

CATALOGUE

PORTRAITS D'ACTEURS

1 **Arnal**, par Gavarni, — J. Vernet, — en pied, etc. 4 p.

2 **Baptiste** aîné, par Bourgeois de la Richardière, — par Grevedon. 2 p.

3 **Bocage**. Rôle de Buridan, par Nargeot, — Lacauchie, — Léon Noël. 3 p., très belles ép.

4 **Carlin Bertenazzi**. In-8, d'ap. De Lorme, très belle ép., grande marge, collection Em. Martin.

5 **Dazincourt**. In-8, par R. De Launay. — A mi-corps, in-4, par Ruotte. 2 p., superbes ép.

6 **Desessarts** (Denis-Déchanet). Comédie française, in-fol., très belle ép. rare.

7 **Dominique** (Joseph). Arlequin, in-4, par Habert, superbe ép. sans marge.

8 **Dugazon** (Henri-Gourgaud). Rôle de Scapin, par Duplessis-Bertaux, — par Carle et autre. 3 p. très rares, superbes.

9 **Fleury** (Bernard, dit). Théâtre français, petit in-fol., magnifique ép. avant toute lettre, gravé par Migneret, d'ap. Singry, très grande marge.

ACTEURS

10 **Garrick**. Rôle de Richard III, d'ap. Hogarth, in-8, superbe, toute marge, gravé par Romanet.

11 — D'ap. Reynolds, en couleur et autres. 3 p. superbes.

12 **Gherardi** (Evariste). In-8, par G. Edelinck, très belle ép., — en costume d'Arlequin, grand in-4. 2 p.

13 **Joanny** en buste et en pied, gravé et lithog. en costumes. 8 p. très belles.

14 **Kean** (Charles). In-4, par Pound et autre. — Kemble. 3 p., très belles ép.

15 **La Grange** (Varlet de), comédien du roi, dans un entourage orné, eau-forte in-8, superbe ép., toute marge.

16 **La Ruette** (Jean-Louis), comédien italien, petit in-fol., par Elluin, d'ap. Le Clerc, superbe ép., marge.

17 **Le Kain** en pied, rôle de Gengis-Kan, petit in-fol., par Levesque, d'ap. Castelle.

18 — Ovale in-8, en couleur, par Janinet, d'ap. De la Tour, superbe ép. Rôle de Mahomet.

19 — Eau-forte, par Hillemacher, superbe.

20 — Par Baquoy, — Gabriel, — en pied, avant toute lettre, sur chine, etc. 4 p. superbes.

21 **Macklin** (Charles), à 87 et 97 ans. Acteur anglais. 5 portraits, in-8.

22 **Menier** (Joseph). Comédie italienne, ovale in-4, en couleur, superbe ép., marge vierge. Collection Michelot.

23 **Michot**. Eau-forte, par Hillemacher, — par Singry — et Michelot, ovales, lithog., grand in-8, superbes ép., toute marge. 3 p.

24 **Michu**. Opéra-comique, petit in-fol., par Alix, en couleur; au bas les médaillons de Blaise et Babet et Paul et Virginie, très belle ép. rare. Collection Muhlbacher.

25 — Ovale, in-4, en couleur, magnifique ép., marge vierge. Collection Michelot.

26 **Molé**. Eau-forte par Hillemacher, autre petite Eau-Forte, — en pied, par Prud'hon. 3 p. superbes.

27 **Monrose**, en pied, par Lacauchie, — Giroux, — Léon Noel. 3 lithog., superbes ép., toute marge.

28 **Odry**, en pied, gravé par Mecou — et par Lacauchie. 2 p., in-4, superbes ép., toute marge.

29 **Perlet**, gravé et lithog. 4 p. très belles.

30 **Philippe**. Manière noire, grand in-4, très belle ép.

31 **Préville**. (P.-L. Dubus de). In-fol., par Romanet, superbe ép., petite marge.

32 — Eau-forte par Hillemacher, — par Aubert, — et petits costumes, d'ap. Foech. 6 p. superbes.

33 **Provost**, en pied, gravé par Geoffroy, — par Lacauchie. 2 p. sur chine, superbes ép., toute marge.

34 **Raffile**. Eau-forte par Hillemacher, in-8, superbe et toute marge.

35 **Scaramouche**. In-4, par Habert, avant toute lettre, superbe ép. très rare. Il est dirigé à gauche.

36 — Scaramuzza, memo squaquera, dirigé à droite, petit in-fol., avec quatre vers au bas, rare.

37 **Talma**, en buste, un dessin à la plume et gravés et lithog. 8 p. très belles.

38 — En pied, par H. Vernet, Thomson, Girard et autres, gravés et lithog. 8 p. très belles.

39 **Portraits** en pied d'acteurs et d'actrices, en couleur, par *Janinet*, et costumes en noir. Bonneval, Mlle Colombe et de profil 2, De la Rive, Desessarts, Dugazon 2, Gardel, Mme Gontier, La Ruette, Rousseau 2, Mme Saint-Aubin, Mme Vestris 2, Brisard, Caillot 2, Mme Dugazon 2, Mme Saint-Huberti profil et pied 2, Chenard, Carlin, Garrick et buste 2, Philippe, Granger, Saint-Fal 2, Fleuri, Mlle Raucourt, Mlle Saint-Val 2, Carline 2, Naudé, Van hove, Lays, Molé 2, Mlle Fleury, Gluck profil, Cheron, Lainez, Blainville, Mlle Contat, Mlle Maillard, Trial, Edouard, Tue. 60 p. et 5 morceaux de musique. En tout 65 p., superbes ép., toute marge, 5 sont petites marges.

40 **Acteurs** gravés. Ravel, par Morse et par divers. 12 p., très belles ép.

41 — En pied, par Lacauchie, lithog. sur chine, superbes ép. 10 p., toute marge.

42 — En pied et en costumes, gravés et lithog. 14 p.

43 — Lithog. par Vigneron, Léon Noel et autres, 3
24 p., quelques doubles.

44 — Chollet, par Lassonquère. — Ferville, en
pied, lithog.

45 ANONYME. Le Kain, en roi cuirassé, dessin à
la plume, teinté, en pied, petit in-4.

46 DESRAIS. Polichinel Stridi (Troupe italienne),
dessin à l'encre de Chine, petit in-fol. Collection
Michelot.

47 COSTUMES de Brunet, Michot, Talma et autres
aquarelles, 10 p.

48 — Des principaux rôles pour la tragédie de
Venceslas, Théâtre français en représentation
à Rouen, dessiné à la plume et aquarelle, petit
in-fol. 9 p., dont 8 sur vélin. Collections Soleirol, Léon Sapin et Michelot.

49 — 1680. Roi infernal. — Furie, 2 aquarelles,
grand in-4, superbes. Collection Michelot.

50 — 1780. Roi oriental en grand manteau, aquarelle in-fol. Collection Michelot.

51 **Scène théâtrale.** The incantation de Frei-
schutz, in-4, rare.

52 **Monnier** (Henri). Répertoire du Théâtre de
Madame. 8 p. coloriées, des doubles.

53 **Histoire** du Théâtre italien, de Louis Ricco-
boni, 17 costumes par *Joullain* et le titre orné.
En tout 18 p., grand in-8, superbes ép. très
rares.

54 **Collection** de Figures théâtrales par *Martin*
dessinateur des habillements de l'Opéra, 17 p.,
grand in-4, dont le titre, toute marge, très
rares.

55 **Costumes** réunissant la ressemblance et la physionomie théâtrale des acteurs de Feydeau pour servir à l'histoire dramatique, gravés par *Rousseau*, l'an II de la République. Suite complète de 15 p. in-8, coloriées; en plus Milon, rôle du grand cousin dans le ballet du déserteur, par *Rousseau*. En tout 16 p. très rares.

56 — Pour la Correspondance de Perlet, la plupart coloriés. 33 p. d'une grande rareté, superbes.

57 — Des Acteurs de l'Hôtel de Bourgogne. 10 p. noir et couleur.

58 — De la Collection Martinet depuis le n° 20, in-8, coloriés. 146 p.

59 — De diverses collections, par Duplessi-Bértaux, d'ap. Fesch, Gillot, etc. 43 p.

60 **Métamorphoses** de Melpomène et de Thalie ou Caractères dramatiques des comédies française et italienne, 23 costumes, le titre et la table gravés. En tout 25 p., vol. petit in-4, dos ornés de petits fers, dem.-rel. et coins maroq. rouge, tranche dorée, superbe. 1782, chez les Campions frères.

61 **Caractères** dramatiques ou Portraits divers du Théâtre anglais. 24 petits portraits, costumes, titre et table, vol. très petit in-4, carton., superbe.

62 **Affiche.** Le sieur Lunardi. Grande Académie de chevaux et de singes; les tours des acteurs sont représentés tout autour, grand in-fol., très rare.

63 — De Théâtres de province. Par permission de M. le duc de Randan et du maréchal duc de Lorges, de 1760 au 29 pluviôse an V. En tout 11 p. très rares.

64 — Par permission de M. de Randan, 5 novembre 1766, grand concert. — Par permission du commandant en chef de la Lorraine, 26 novembre 1774, à Nancy, grand concert. 2 p., in-4, très rares.

—

PORTRAITS D'ACTRICES

65 **Albert** (Mme), gravée et lithog. 4 portraits différents.

66 **Arnould** (Mlle). Rôle d'Iphigénie en Aulide, ovale, in-8, en couleur, superbe ép., marge. Collection Michelot.

67 — (Sophie). Rôle de Zyrphé du ballet de Zelindor, ovale colorié, par Bourgeois de la Richardière, d'après *De la Tour*, magnifique ép., toute marge. Collection Michelot.

68 — La même, en noir, belle ép.

69 — (Sophie), très grand in-8, avant toute lettre, toute marge.

70 **Bandettinia** (Teresia), à mi-corps, par Rosaspina, d'ap. *Kauffman*, in-4, superbe ép., marge.

71 **Beaumenil** (Henriette-Adélaïde) de l'Académie royale de musique, petit in-fol., par Vidal, d'après *Pujos*, rare.

72 **Bellamy** (G.-A.) du Théâtre de Covent-Garden, in-8, par *Maradan*, superbe ép., marge.

73 **Bernardt** (Sarah), représentée sur le feuillet d'un livre, eau-forte, très belle ép., toute marge.

74 **Boulanger** (Mme) de l'Opéra comique, par *Bertonnier* et Audouin, in-4, superbe ép., toute marge.

75 **Bourgoin** (Mlle), par *Bertonnier*, in-4, et autres, in-8, gravés et lithog., en pied coloriés. 6 p.

76 **Camargo**, avant toute lettre et en pied, d'après *Lancret*. 2 p., in-4.

77 **Carline**. Rôle de Julie dans les Etourdis. — Rôle de Zilia. 2 p., en pied, en couleur, par *Janinet*, superbes ép., in-8, grandes marges.

78 **Cassentini**, actrice. In-fol., par *Neidl*, superbe ép., in-fol., avant toute lettre, rare.

79 **Catalani**, l'ovale seul avant la robe changée, de la plus grande rareté. — La même, totalement terminée par *Dien*, d'après Singry, en bas une lyre couronnée, ovale in-4, avant la lettre. 2 p., superbes ép., marge.

80 **Champmelée**. In-8, par *Lefevre*, d'après la miniature du cabinet Lamesengere, superbe ép. avant la lettre, toute marge.

81 **Clairon** (Mlle) couronnée par Melpomène, in-4, par *Le Mire*, d'après Gravelot, superbe ép., marge.

82 — Rôle de Médée, avec la scène au bas, petit in-fol., par *Michel,* d'après Pougin de Saint-Aubin, belle ép.

83 — In-4 avant toute lettre et autres. 3 p.

84 — In-8, par Berger, d'après *Cochin,* très belle ép. Collection Muhlbacher.

85 — Profil eau-forte pure, par *Simonet,* et terminé. 2 p. très belles.

86 **Colombe** l'aîné (Mlle). Profil à droite, in-8, d'après *Le Moine,* très belle ép.

87 **Colombe** (Mlle Adeline). Comédie italienne, rond, en couleur, rare, superbe. Collection Muhlbacher.

88 — L'aînée dans la colonie, profil à gauche, in-8, en couleur, superbe ép., grande marge.

89 — Ovale in-4, en couleur, par *Coutellier,* superbe ép. en couleur, toute marge.

90 — Rôle de Belinde dans la colonie, en pied, en couleur, in-8, superbe ép., toute marge.

91 **Contat** (Emilie), rond au physionotrace *Quenedey,* superbe ép., marge, extrêmement rare.

92 **Contat** (Louise), par Bosseliman, Bertonnier, Henri Lefort, eau-forte pure et avant la lettre et autre. 5 p. superbes.

93 **Contat** (Mlle). Comédie française, Rôle de Mme Randan, en pied, par *Janinet.* — Rôle de Rosalie dans les caprices, en pied. 2 p. en couleur, in-8, très belles ép., grandes marges.

94 — Rôle de Suzanne. Mariage de Figaro, in-4, par *Coutellier,* en couleur, magnifique ép., marge vierge.

95 **Dauberval** (Jean-Bercher), sa femme Théodore, première danseuse de l'Académie de musique. 2 petits ronds, par *Legoux*, d'après Le Fevre, superbes ép., marges vierges, rares.

96 — (Théodore), in-8, par *J. Palliere*, superbe ép., toute marge, très rare.

97 **Déjazet** (Mlle). Rôle de la Périchole, par *Gavarni*. — Manière noire avant toute lettre, par *Lacauchie*, rare. 3 p. superbes, toute marge.

98 **Demerson** (Mlle), par *P. Legrand*, en pied, par *Konig*. 2 p. très belles.

99 **Desbrosses** (M.-G.). Théâtre italien, in-8, par *Le Beau*, d'après Binet, superbe ép., marge vierge.

100 **Desbrosses** (Mlle). Comédie italienne, rond en couleur, superbe et très rare. Collection Muhlbacher.

101 **Desgarcins** (Mlle). Ovale in-4, par *Beljambe*, de Rouen, d'après Monnet : en pied, tenant un poignard, elle est entourée de quatre Amours. Superbe ép. en bistre, rare.

102 **Dorval** (Mme), par Gigoux, Riffaut, etc. gravée et lithog., 5 p. Très belles ép.

103 **Dugazon** (Mme). Comédie italienne, rond en couleur. Superbe, très rare. Collection Muhlbacher.

104 — Rôle de Nina, en pied, assise. In-8 par *Janinet*, en couleur, d'après Dutertre. Très belle ép.

105 — Ovale in-4, en couleur. Très belle ép., toute marge.

106 — Ovale in-8, en couleur, par *Monsaldy*, d'ap.
Isabey. Superbe ép., marge vierge.

107 — La même, en bistre. Superbe ép., toute
marge.

108 — Nina, en pied. Petit in-fol. en couleur, par
Colinet, d'après Lavrince. Très belle ép., très
rare (E. B. 41). Collection Michelot.

109 — Comédie italienne, in-8 par *Le Beau*.
Superbe ép., marge vierge.

110 — Eau-forte in-8. — Lithog. par Rulmann. 2 p.

111 **Dumesnil** (Marie). Comédie française. Petit
in-fol. par *Elluin*. Superbe ép., toute marge.

112 **Duplant** (Rosalie). Académie royale de musique. Petit in-fol. par *Elluin*. Superbe ép.,
toute marge.

113 **Dupont** (Mlle). Théâtre Français. 8. —
Mlle Dupuis. En tout 4 p. lithog.

114 **Duthé** ou **Dutcy** (Mlle), par *Champollion*,
in-8, eau-forte pure. — Terminée avant la
lettre. 2 p. Superbes, marges vierges.

115 — Par *Le Beau*, grand in-8. Superbe ép. avant
le n° 47, toute marge.

116 — Ovale in-4, eau-forte pure de la réduction
du portrait, par Janinet. Superbe, toute marge.

117 — Roxelane. Petit in-fol. par *Le Beau*, d'après
Dugoure. Superbe ép., toute marge.

118 **Elssler** (Fanny). Gravée et lithog. en pied.
3 p.

119 **Favart** (Mme). Ovale in-8, entouré de fleurs,
par *Chenu*, d'après Garand. Superbe ép., toute
marge.

120 — Pinçant de la harpe, grand in-8 par *Audibran*. Superbe ép. avant la lettre sur chine, toute marge.

121 — En montreuse d'ours, in-8, avant toute lettre, d'après *Boucher*, par Le Bas, rare. Collection Muhlbacher.

122 — Rôle de Ninette, in-8 par *Le Bas*. Superbe et rare ép. avant toute lettre.

123 — La même, avec frontispice du tome III, et Ninette. Superbe ép., marge.

124 — Rôle de Roxelane, pinçant de la harpe, en pied, en couleur, in-8. Très belle ép.

125 — Ninette, sanguine par *Demarteau*, d'après *Boucher*, in-4. Superbe ép. (179). Collection Muhlbacher.

126 — Ninette, fac-simile aux trois crayons, in-4. Sans marge.

127 — Ce dépit n'est point redoutable : elle donne des pichenettes au portrait du Maréchal de Saxe. Petit in-fol. par *Surugue*, d'après *C. Coypel*. Magnifique ép., toute marge, 1er état, chez Surugue.

128 **Fleury** (Mlle). Rôle d'Ophélie dans Hamlet, en pied, en couleur, in-8. Très belle ép., grande marge.

129 **Gaussin** (Mlle). Petite eau-forte par *H. Lefort*. Superbe ép., toute marge. Rare.

130 **Georges** (Mlle), d'ap. Gérard, — par Geoffroy, en pied et autre. 3 p. Superbes.

131 **Gontier** (Mme). Dans le bon ménage, en pied, in-8 en couleur. Superbe, toute marge.

132 **Grisi** (Carlotta), 2. — Julie Grisi, 2. En tout
4 p. Superbes.

133 **Guimard** (Mlle). In-8, par *Porreau*, avant et
avec la lettre en bistre, 2 p. Superbes ép., toute
marge.

134 — Dans le ballet du Navigateur, en pied. —
Vue de sa maison. 2 p. in-8 en couleur, par
Janinet. Très belles ép. Collection Michelot.

135 — Costume de Mlle Guimard à l'Opéra. Aquarelle petit in-fol.

136 **Hus** (Mlle). Comédie-Française. Eau-forte in-8,
par *Hillemacher*. Superbe ép., toute marge.

137 **Joly** (Marie-Élisabeth). Théâtre Français.
Petit in-fol. par *Langlois*. Superbe ép., toute
marge.

138 — Eau-forte par *H. Lefort*. — Petit ovale
colorié et autre, 3 p. Très belles ép.

139 **Julien** (Mme). Ovale in-4 en couleur. Superbe
ép., marge vierge.

140 **Langle** (Mlle), du théâtre des Arts (Rouen).
Lithog. petit in-fol. Très rare.

141 **Laporte**, actrice. Charmant petit portrait par
Legenisel, d'après Beaumont. Magnifique ép.
avant la lettre sur chine, toute marge.

142 **Laruette** (Marie-Thérèse Villette). Comédie
italienne. Petit in-fol. d'après Le Clerc, par
Elluin. Superbe épreuve, marge. Collection
Michelot.

143 **Le Couvreur** (Adrienne), rôle de Cornélie,
ovale petit in-fol. par *Petit*, d'après *Coypel*.
Superbe et rare ép. en rouge, marge. Collection
Michelot.

144 — Théâtre Français. In-8 par *Schmidt*. Superbe
ép. remargée à claire-voie.

145 — Par *Migneret*, sur chine. — En pied, eau-
forte pure et autre, 3 p. Très belles.

146 **Lescot** (Mlle), de la Comédie italienne, grand
in-8. Superbe ép., marge vierge.

147 **Levasseur** (Rosalie), de l'Académie royale
de musique. Petit in-4 par *Pruneau*, d'après
le buste de Dumont de Valenciennes. Superbe
ép., marge.

148 **Leverd** (Mlle). Ovale in-8, par *Mécou*, d'après
Isabey. — Par *Calamatta*, avant toute lettre,
avant et avec la lettre, 4 p. Très belles.

149 **Maillard** (Mlle), de l'Académie royale de
musique, profil à gauche, grand in-8 en couleur par *Coutellier*. Magnifique ép., marge
in-fol. Collection Michelot.

150 **Mars** (Mlle), d'après Gérard. Petit in-fol. par
Lignon. Magnifique ép. avant la lettre. Collection Michelot.

151 — La même, réduction in-8, par *Bonvoisin*.
Eau-forte pure et terminée. — Copie allemande
— par Alès — Fontaine — Vallot, 6 p. Superbes.

152 — D'après Gérard, coiffée en cheveux, par *Dien*
— et par *Normand*, sur chine, 2 p. Très belles,
toute marge.

153 — Médaille de David d'Angers. — Rôle de
Betty, par *Le Comte*. — En pied, par *Niquet*,
3 p. Très belles.

154 — Gravés en buste et en pied, 6 p. Très belles
épreuves.

155 — En buste et en pied, lithog. 10 p.

156 **Maupain** (Mlle), dansant à l'Opéra, en pied, chez Mariette. Petit in-fol. colorié rehaussé d'or.

157 **Molière** (Mme), née Béjart. In-8 par *Boutrois*, d'après un dessin du cabinet Lamesengère. Superbe ép. avant la lettre, marge.

158 **Nilson** (Mlle), regarde à gauche. Ovale grand in-8 avant toute lettre sur chine. Superbe.

159 — Par Morse, petit in-4. Magnifique ép. avant la lettre, marge.

160 **Olivier** (Mlle). Rôle de Chérubin dans le mariage de Figaro. Ovale in-4 en couleur, par *L'Éveillé*. Superbe.

161 — Rôle de Chérubin, Mariage de Figaro. In-4 en couleur par *Coutellier*. Magnifique ép., toute marge. Collection Michelot.

162 **Patti** (Adelina). In-8 par *Nargeot*. Superbe, toute marge.

163 **Rachel**, par Henriquel Dupont. — Alophe. — Lacauchie, et autres. 6 p.

164 **Raucourt** (Mlle de). Au bas, la scène de Mithridate. Grand in-8 par *Le Beau*. Rare.

165 **Renauld** d'Avrigny en nymphe, chantant, entourée de quatre Amours. Ovale in-4 par *Beljambe*, de Rouen, d'après Monnet. Superbe ép. avant la lettre en bistre. Rare.

166 **Renaut** l'aînée (Mlle). In-4 par *de Brea*. Très belle ép., très rare.

2

167 **Robinson** (Mme), célèbre actrice, maîtresse du prince Régent. Ovale in-8 par *Bartolozzi*, d'après Violet. Superbe ép. avant la lettre, toute marge.

168 **Saint-Aubin** (Mme), actrice. Petit in-fol. par *Debucourt*, d'après Boilly. Superbe et très rare ép., toute marge. Collection Michelot.

169 — In-4 par *Audouin*. Superbe ép., toute marge.

170 — Costume dans Lucette et Lucas. In-8 en couleur. Très belle ép., grande marge.

171 **Saint-Huberti** (Mlle), de l'Académie royale de musique. Profil à droite, par *Janinet*, d'ap. Le Moine. In-8 en couleur avant toute lettre, collée.

172 — La même avec la lettre. Superbe épreuve remargée à claire-voie.

173 — Rôles de Pénélope. — de Didon, en pied. 2 p. in-8 en couleur. Très belles ép., marge.

174 — Frontispice, eau-forte par *Lalauze*. Magnifique ép. sur papier du Japon, avant la lettre, toute marge.

175 — De l'Académie royale de musique, profil à gauche, grand in-8. Superbe ép., marge.

176 **Sallé** (Mlle). L'Après-Dîner, la Dame à la promenade. Petit in-fol. par *Petit*, d'après Fenouil. Très belle ép., toute marge. Collection Michelot.

177 **Saqui**? (Mme), dansant à Hambourg. Manière noire, petit in-fol. avant toute lettre, par *Debucourt*. Superbe ép. de la plus grande rareté. Marge.

178 **Seine** (Catherine de), épouse Du Fresne. In-8
par *Fessard*, d'après Aved. Superbe ép.

179 **Silvia**, de la Comédie italienne. In-fol. par
Surrugue, avant toute lettre; au revers, une
ép. d'essai.

180 **Smithson** (Miss). En pied, gravée par *Cooper*.
—Rôle d'Ophélia, lithog. par de *Valmont*, colorié.
2 p. Très belles.

181 **Tonelli** (Mlle). Petit in-4, par *Lempereur*.
Superbe ép.

Avec la planche accessoire en bas contenant les couplets,
paroles et musique, qu'elle chantait dans l'Opéra comique,
la Bohémienne. Très rare, marge. Collection Mulilbacher.

182 **Vestris** (Mme). Rôle de Pauline dans Polyeucte.
In-8 en pied en couleur. Très belle ép., marge.

183 **Villeneuve** (Caterina). Musicienne, in-8.
Joli portrait, costume, haute coiffure. Superbe
ép., très rare.

184 **Volnais** (Mlle). Petit ovale. 7 épreuves.

185 **Actrices**. Sophie **Arnould**. — **Clairon**. 2 p.
in-4 avant toute lettre, toute marge.

186 — En pied, par *Lacauchie*, 8 p. sur chine.
Superbes. La plupart avant la lettre.

187 — En buste, par *Lacauchie* et Léon *Noel*. 8 p.
Superbes.

188 — Mlle **Krauss**, par *Morse*, et autres gravées.
8 p. Très belles.

189 — Gravées et lithog., divers formats. 30 p.

190 — Divers formats, gravés et lithog. 32 p.,
quelques doubles.

191 ACADÉMIES d'actrices, avec leur nom, faites
pour la corsetière du théâtre. Dessins à l'encre
de chine, in-4. 48 p. Coll. Soleirol et Michelot.

192 CARICATURES sur Mlle **Georges**, actrice, et autres. 4 dessins crayons noir et rouge. Coll. Soleirol et Michelot.

193 ANONYME. Mme **Favart**. Crayon noir et blanc sur papier bleu, in-4. (Nattier)

194 — Mlle **Marquise**, d'après son buste en marbre, représentée en Diane. Crayon noir.

195 — Mlle **Minette**, rôle de Michel, dans l'Hôpital militaire, vaudeville, en pied. Aquarelle.

196 GIRODET TRIOSON. Satire contre Mlle **Lange**, actrice du Théâtre-Français. Crayon lavé de couleur, grand in-4. Collection Michelot.

197 JOLY, du Vaudeville, Mlle **Elomire**, des Variétés, en pied, in-8. Croquis à la plume, signé. Collection Michelot.

198 — **Michot**, rôle de Bullor dans les Deux Frères, in-8 en pied, à l'encre de chine, signé. Collection Michelot.

199 LEGENISEL. Académies d'actrices. Crayons rouge et noir. 14 dessins in-fol. Collection Soleirol et Michelot.

200 — Charges d'actrices, au crayon noir, in-4. 6 p. Collection Soleirol et Michelot.

201 MERLE (J.-T.). Mlle **Aldegonde**, rôle de Rosine dans M. Grégoire ou courte et bonne (Variétés), en pied. Jolie aquarelle. Collection Michelot.

202 PUJOS. **Le Kain** dans Gengiskan. Très beau dessin crayon noir, in-4.

PORTRAITS DE MUSICIENS

203 **Demar** (Sébastien). Musicien, rond, par
   Chrétien, au physionotrace.

204 **Dupérier** (Romain). Chanteur, in-8, très
   rare.

205 **Gluck**, ovale in-8, manière noire, superbe
   ép., toute marge.

206 — Médaillon entouré de chêne, d'après la cire
   de Krafft, in-8, par *Saint-Aubin*, 1781. Magnifique ép., marge vierge in-4.

207 **Grétry**. In-8, par Simon, d'après *Isabey* et
   autres. 4 p.

208 **Habeneck**, fondateur de la Société des con-
   certs, d'après nature, par *L. Massard*, in-4, sur
   chine, magnifique ép., toute marge.

209 **Haydn**. In-8, par *Mansfeld*, — in-4, par
   Bartolozzi, en bistre. 2 p. superbes, toute
   marge.

210 **Imbault**, professeur de violon, in-8, par
   Benoist; in-4, par Bourgeois de la Richardière.
   2 p. superbes.

211 **Rameau**. In-4, par Aug. *Saint-Aubin*, d'ap.
   Caffieri, superbe ép., grande marge.

212 **Rossini**, par *R. Morghen*, d'après Cateni;
   autre par anonyme, sur chine. 2 p. in-8, très
   belles.

213 **Musiciens**. Adam, Gounod, par Nargeot,
   avant la lettre; Tartini et autres. 15 p.

214 — Cartier, d'Anglebert, Gatayes, Provenzale,
   Thévenard. Vernier et autres. 19 p.

PORTRAITS DE LITTÉRATEURS, ETC.

215 **Beaumarchais.** In-4, par *Saint-Aubin*, 32
d'après *Cochin*, magnifique ép., grande marge,
très rare de cette condition. Collection Em.
Martin.

216 — In-8, par *Ethiou*, magnifique ép. avant la 750
lettre, la tablette blanche, toute marge.

217 — In-8, par *Hopwood*, orné, magnifique ép. 550
avant la lettre, sur chine, toute marge.

218 — Par Hopwood, Cooke, Tardieu. 5 p., très
belles ép., dont une eau-forte pure.

219 **Collardeau** (Ch.-P.), de l'Académie, in-8,
avant les noms d'artistes, d'après *Voiriot*, superbe ép., grande marge. Collection Em.
Martin.

220 **Corneille** (P.). In-8, par *Ethiou*, avant et
avec la lettre. 2 p., superbes ép., toute
marge.

221 — Par *Hopwood* et autre, avant la lettre et 3
par *Adam*. 3 p. superbes. toute marge.

222 — Par *Delestre*, avant la lettre, avec la lettre,
sur chine. 2 p. superbes, toute marge.

223 — (P. et Th.), par Delvaux, Ingouf, etc. 4 p.
in-12.

224 — En pied, par *Pourvoyeur*, d'après Desenne,
avant la lettre sur chine, — avec la lettre, imp.
en couleur. 2 p.

225 — (P. et Th.), en buste et en pied, par 250
Desrochers, Saint-Aubin, Bertonnier, Hopwood,
etc. 60 p.

226 — In-8, par Bertonnier, Wedgwood et autre.
3 p., avant la lettre, superbes.

227 **Crébillon**, par *Duflos* et de la collection
Desrochers. 2 p. in-8, très belles ép., marge.

228 — In-8, par *Ingouf*, d'après La Tour, — par
Saint-Aubin, marge vierge. 2 p., superbes
épreuves.

229 — Par Ficguet, Bonneville, Hopwood, Ingouf
et autres. 17 p.

230 **Dorat**, Médaillon contre une colonne funèbre,
une Muse s'appuie dessus et trois Amours,
jolie composition par *Fessard*, superbe et très
rare ép. avant l'entourage, remargée.

231 — Le même, retouché et avec un élégant entourage, orné de fleurs, superbe ép., in-4,
marge vierge.

232 **Hoffman**. In-8, par *Pelée*, d'après *Henr.*
Dupont, magnifique ép. ayant la lettre, sur
chine, marge vierge.

233 **Laborde** (Jean-Benjamin de), premier valet
de chambre du roi, gouverneur du Louvre,
frontispice pour les chansons, médaillon sur
une lyre, in-8, par *Masquelier*, d'après *Denon*,
1770. Magnifique ép., marge vierge, très rare
de cette condition.

234 — Très grand in-8, par *Moreau* le jeune, 1771,
d'après *Denon*. Magnifique ép., marge vierge,
rare.

235 — Petit ovale, par *Gaucher*, intercalé dans le
titre des portraits pour l'histoire de France,
superbe, toute marge.

236 — Entête de page en regard de Zurlauben, superbe ép. avant toute lettre, très rare.

237 — Le même, avec Zurlauben, par *Née*, d'après *Marillier*, superbe ép.

238 **La Fontaine**. In-12, par *N. de Launay*, superbe ép., marge vierge.

239 — Petit in-8, par *Pinssio*, superbe ép., marge

240 — In-12, par *Bertonnier*, avant la lettre, chine, superbe ép., marge vierge.

241 — Par *Jehotte*, in-8 ovale, avant toute lettre, sur chine, superbe ép., marge vierge.

242 — D'après *Le Brun*, par *Pauquet*, in-12, avant toute lettre, sur chine, — in-8, avec la lettre, sur chine. 2 p.

243 — Très petit ovale, par *Gaucher*, avec la bordure, d'après *Rigaud*, très belle ép.

244 — Par *Ingouf*, petit ovale, avant la lettre, sur chine, toute marge, superbe.

245 — In-8, par *Dequevauviller*, superbe ép., la tablette blanche, avant la lettre, sur chine.

246 — Lisant ses fables à Mme de la Sablière, in-8, superbe ép. avant la lettre, sur chine, toute marge.

247 — In-12, par Delvaux, remargé, par David et Varin, avec le cuvier au bas, sur chine. 2 p., d'après Rigaud, superbes ép., grandes marges.

248 — Très petit ovale, dirigé à gauche, — petit ovale, dirigé à droite. 2 p., par *Dupreel*, très belles ép., marge.

249 — In-8, par *Dupin*, d'après *Rigaud*, avec l'adresse d'Odieuvre, — l'adresse effacée, 2 très belles ép., grandes marges.

250 — In-8, par *Hopwood*, orné de deux masques, avant et avec la lettre. 2 p., superbes ép., marge.

251 — Par *Ingouf*, remargée, autre en contrepartie, avant la lettre. 2 p., d'après *Rigaud*.

252 — In-8, par *H.-C. Muller*, avant la lettre, sur chine et avec la lettre. 2 p., d'après Devéria, superbes ép., marge.

253 — Par *Saint-Aubin*, in-8 et in-12, superbes ép., toute marge. 2 p.

254 — In-8, par *A. Tardieu*, avant et avec la lettre, chine, 3 états différents.

255 — In-8, chez Crespy, — Duflos, — Philips. 3 p. très belles ép.

256 — En pied, in-8, par *Burdet*, d'après Desenne, avant et avec la lettre. 2 p., superbes ép., toute marge.

257 — En pied, tiré du Plutarque français, debout par *Dien*, d'après *Ingres*; sur chine, — assis, par *Migneret*. 2 p.

258 — Frontispices avec portraits pour ses œuvres. 5 p.

259 — Portraits divers en buste et en pied, par divers graveurs. 50 p., 2 lots.

260 **Le Sage.** In-8, par *Guelard*, — et de la suite de *Desrochers*. 2 p., superbes ép., grandes marges.

261 — In-12, par *Saint-Aubin*, superbe ép., marge in-4.

262 — In-12 remargé, — par Ferdinand, d'après Largillière, sur chine et sur blanc, in-8. 3 **p.**, très belles.

263 — Par Dupreel, Frilley, Hopwood, etc. 21 p.

264 **Mancini** de Nivernois, par Heina, 2 différents, par Saint-Aubin, très petit par Liebe et in-4, manière noire. 6 p., très belles ép., rares.

265 **Marivaux**. In-8, eau-forte pure par *Guyard*, ovale équarri, superbe ép., grande marge.

266 — Par *Ingouf*, avec attributs, par *Chenu*. 2 p., superbes ép., marge.

267 **Mazeres** (Edouard), auteur dramatique, in-4, ép. d'artiste en bistre, par Jules *Poreau*, superbe ép., avant toute lettre, marge in-fol.

268 **Molière**. In-8, par *B. Audran*, superbe ép., rare.

269 — In-18, par *Delvaux*, d'ap. Mignard, superbe ép., rare de cette beauté.

270 — In-8, par *Ficquet*, d'après Coypel, sur chine.

271 — In-8, par Desrochers. — La Tête changée, par Petit, — par Roy pour Odieuvre. 3 p., superbes ép., marges.

272 — In-4, par *Lépicié*, d'après Coypel, très belle ép., très grande marge.

273 — In-8, par *Hue*, entouré de onze médaillons, rare ép. avant toute lettre, avec les noms d'artistes, d'après *Desenne*, 1825. 2 p. très belles.

274. — In-12, par *Jehotte*, ovale sur chine, superbe ép., marge in-fol.

275. — *Lignon*, d'après *Fragonard*, *Larcher*, avant et avec la lettre. 3 p., très belles ép. in-8.

276. — In-8, par *Migneret*, par *Taurel*. 2 p. ovales, superbes ép., marge.

277. — In-8, par *Soliman*, avant la lettre sur chine, et avec la lettre. 2 p. superbes, avec marge.

278. — In-8, par *Pelée*, avant la lettre sur chine, toute marge et avec la lettre. 2 p.

279. — In-8, par *Hopwood*, *Pourvoyeur*, avant la lettre et autre. 3 p., superbes ép., marge.

280. — In-12, par *Varin*, d'après *Monnet*, très belle ép., grande marge.

281. — In-12, par *Legrand*, d'après *Boucher*, remargé; — autre grand in-8. 2 p. très belles.

282. — Par *Saint-Aubin* et autres, en buste et en pied. 20 p.

283. — Par divers, gravés et lithog. 24 p.

284. **Piron** (Alexis). In-12, avant la lettre, sur chine, toute marge, — in-8, par *Bertonnier*. 2 p. superbes.

285. **Quinault**. In-8, d'après *Dubasty*, avant la lettre sur chine, toute marge; de la suite Dabo.

286. **Racine** (Jean). Petit in-fol. par *Alix*, en couleur, superbe ép. avant la lettre.

287. — In-8, d'après *Devéria*, sur chine et sur blanc. 2 p. superbes, toute marge.

288. — In-8, *Bertonnier*, suite de Dabo, — par *Al. Massard*, d'après Méhu, avant la lettre.

289 — In-18, par *Delvaux*, d'après Santerre, — 3,50
superbe.

290 — Par *Edelinck*, in-4, superbe ép., marge. — 20

291 — Par *Ethiou*, in-8, d'après Desenne, 2 états — 1,50
différents, sur chine, très belles ép., marge.

292 — Par *Gaucher*, d'après Santerre, in-8, avant
la lettre, superbe ép., marge.

293 — In-8, par *Gaucher*, d'après *Santerre*; au bas — 36
un Amour tenant une lyre, magnifique ép. avant
la lettre, marge.

294 — In-8, par *Hopwood*, en bas les deux — 6
masques, avant et avec le nom dans la coquille,
très belles ép. 2 p.

295 — In-18, par *Ingouf*, l'ovale seul, avant la
lettre, superbe.

296 — In-8, en pied, par *Johannot*, d'après Desenne,
eau-forte pure, terminé avant la lettre. 2 p. sur
chine, superbes ép., marge.

297 — Par *Pannier*, d'après *Edelinck*, rare ép. — 16
avant l'ombre sous l'encadrement au bas, et
avant le nom de Pannier à la pointe, — avec
l'ombre et le nom de Pannier, — avec, gravé
par Pannier, d'après Edelinck. 3 p. in-8, sur
chine, superbes ép., toute marge.

298 — In-12, par *Saint-Aubin*, de profil, lettre — 8
blanche; — in-8, dirigé à gauche avec vers de
Boileau; — dirigé à droite d'après le buste de
Girardon. 3 p., superbes ép., marge.

299 — In-8 et in-12, profils par *Saint-Aubin*, su- — 150
perbes ép., toute marge.

300. — In-8, par *Soliman*, avant la lettre chine et — 1050
blanc. 2 p. superbes, toute marge.

301 — in-4, par *Amb. Tardieu*, chine et blanc.
2 p. très belles.

302 — Ovale in-4, par *Tavernier*. Magnifique ép.
avant la lettre, toute marge.

303 — in-18, par *Fontaine*, chine avant la lettre,
— in-8 eau-forte pure, — le même terminé
avant toute lettre. 3 p. superbes, toute marge.

304 — in-12, par Delvaux, Ingouf et autres. 4 p.
très belles.

305 — in-8 par Duflos, Cathelin et autres. 3 p.

306 — in-8 par Desrochers, Petit, Dupin. — Louis
Racine par Gaillard. 4 p. très belles.

307 — Par Bonvoisin, Johannot et autres. 10 p.

308 — Par divers, en buste et en pied, gravés et
lithog. 54 p.

309 **Regnard**, in-12. Poëte comique, par *Biosse*,
1784. Superbe ép., marge vierge.

310 — Ovale in-8, par *Amb. Tardieu*, sur chine et
sur blanc. 2 p., très belles ép., toute marge.

311 — in-12, par *Saint-Aubin*, lettre grise, tablette
blanche, très belle ép.

312 — in-8, par *Dequevauviller*, — in-18, par
Scriven et autre. 3 p.

313 **Rotrou**, in-8, par *Desrochers*, grande marge.
Belle ép.

314 **Rousseau** (J.-J.), par *Dupreel*, d'après
La Tour, in-8. Magnifique ép., marge vierge.

315 — par *Hopwood*, entourage orné. Magnifique
ép. avant la lettre, sur chine, marge, petit
in-fol.

316 — par divers graveurs et sa maison. 9 p. très belles.

317 **Voltaire**, in-8, par *Fauchery*, d'après Devéria, en pied, à la Bastille. Magnifique ép. sur chine, marge in-4.

318 — in-8 par *P.-G. Langlois*, 1784, d'après La Tour. Très belle ép.

319 — par *Dupin*, d'après *Liotard*, adresse d'Odieuvre et autre différent. 2 p. in-8, très belles ép.

320 — d'après Ficquet, par Martinet, Walker, etc. 4 pièces.

321 — de Bonneville, Hopwood, Tardieu, etc. 8 p.

322 **Voltaire**. Son Couronnement sur le Théâtre-Français aux Tuileries, le 30 mars 1778, après la sixième représentation d'Irène, gravé par *Ch.-Ét. Gaucher*, d'après *Moreau le jeune*. Collection Muhlbacher.

Très-rare épreuve à l'eau-forte pure avant l'encadrement et avant toute lettre; au bas seulement A. P. D. R. à la pointe avant plusieurs changements; le buste de Voltaire est différent vu de trois quarts; un jeune homme au milieu, à l'orchestre, est vu de face; dans l'estampe terminée il est vieux et vu de profil; celui qui est tout à fait à gauche n'a ni cordon ni plaque. État non décrit de la plus grande rareté.

323 — Couronnement de Voltaire. — La Translation au Panthéon. 2 p. in-8 avant la lettre, par *Couché* fils, toutes marges. Superbes.

324 — Le Déjeuner de Ferney : M. de Laborde près du lit de Voltaire, qui tient la main de Mme Denis. Ovale in-4, très rare ép. d'eau-forte pure, marge.

325 — Le Déjeuner de Ferney, terminé avant toute lettre. Superbe ép., marge.

326 — Le même avec la lettre; Denon d'après nature, à Ferney, 1775, par *Née* et *Masquelier*. Superbe ép., marge.

327 **Littérateurs**. Balzac, Gresset, Hugo, Melesville, Shakespeare, etc. 23 p.

328 **Artistes**. Peintres, Sculpteurs, Architectes. 87 p.

329 **Eisen** (Charles), dessinateur et graveur. In-8 par *P.-A. Varin*, avec le nom à la pointe sèche, avant les avant la lettre (6). Tirage à 10 ép. de cet état, sur japon. Magnifique ép., toute marge.

330 **Célébrités diverses** anciennes et modernes. 35 p.

___

PORTRAITS DE FEMMES CÉLÈBRES

331 **Abrantes** (Mme la duchesse d'). In-4 lithog. par *Gavarni*. Superbe ép., toute marge.

332 **Aiguillon** (Duchesse d'), par *Perrot* fils, eau-forte pure, état malade. — Lettres blanches sur chine, superbe. 2 p. in-8 tirées des Oraisons funèbres.

333 **Ancre** (Leonora Galigaï Maréchale d'). In-8 par *François*. Très belle ép., marge vierge.

334 **Angoulême** (Marie-Thérèse-Charlotte, duchesse d'). In-4 en couleur. Magnifique ép. avec A. S^t 1790 à la pointe, avant la lettre, marge.

335 — Grand in-8 ovale en couleur, par *Mark*. Superbe ép., marge.

336 — Madame, fille du roi, profil, in-8 par *Saint-Aubin*, d'après Sauvage. Superbe.

337 — Marie-Thérèse-Charlotte, fille de Louis XVI, actuellement à Vienne avec la famille de sa mère, rond in-8. Superbe.

338 — In-8, par *Hourdain*. Superbe ép. en bistre avant *Et quorum pars magna fui*, en haut, toute marge. — La même, avec la ligne, en noir. 2 p.

339 — In-8, par *Schiavonetti*, ovale avec armoiries rayonnantes. Superbe ép., lettre grise.

340 — In-8 ovale, par *Bartolozzi*, avant toute lettre, grande marge. — Encadrement et Armoiries rayonnantes, lettres grises. 2 p. superbes.

341 — Profil à gauche, médaillon rond en regard de son frère, 2 ronds sur la même planche, par *Vérité*. Superbe ép., marge.

342 — Ovale in-8, par *Agar*. Superbe ép., marge vierge.

343 — Médaillon équarri, in-8. — Par *Bertrand* et autre. 3 p.

344 — Grand in-8, par *Morse*. Magnifique ép. avant toute lettre, sur chine, marge in-fol.

345 — In-fol., lithog. par *Isabey*, avant la lettre, sur chine, toute marge. Rare.

346 **Anne** d'Autriche. In-8 par *Schmidt*, très belle ép. avec adresse d'Odieuvre. — In-4 par *Mellan*, coupée à l'ovale. 2 p.

347. — In-8, par *Moncornet.* — En veuve, 2 différents, et autres. 5 p., très belles ép.

348. **Artois** (Comtesse d'). Marie-Thérèse de
Savoie. In-4, chez Bligny, toute marge.

349. **Audouard** (Mme). Ovale équarri, in-8, sur
chine. Superbe ép., toute marge.

350. **Bade** (Princesse de), assise, par Mme *Girard.*
Superbe ép. avant la lettre, marge grand in-4.

351. **Barbier-Walbonne** (Mme). Élève de
Garat, par *Godefroy*, qui a eu le premier prix
de gravure donné en France. Petit in-fol.
Superbe ép., toute marge.

352. **Bavière** (Henriette-Adélaïde de Savoye,
duchesse électrice de). Grand in-8, *Desrochers*
ex. Superbe ép., marge, rare.

353. **Beauharnais** (Fanny). In-8, par *Gaucher.*
— In-12 avant toute lettre, remargée comme
chine. 2 p. très belles.

354. **Belmont** (Mme August). Ovale in-4, sur
chine, par *Desmaisons*, 1857. Lithog. très belle.

355. **Berry** (Marie-Caroline, duchesse de). Profil
in-12 en couleur. Superbe ép., grande marge,
rare.

356. — Petit Portrait en couleur, rare.

357. **Bourbon** (Duchesse de). Caroline de Hesse-
Rhinfels, in-4, par *Jacob*, d'après Gober.
Superbe ép., marge.

358. **Bourbon** (Louise-Françoise de), légitimée
de France, duchesse de Bourbon, in-8, par
Desrochers. Superbe ép., marge vierge.

3

359 **Bourbon** (Louise-Marie-Thérèse-Bathilde d'Orléans, duchesse de). Grand in-8 par *Lebeau*, d'après Le Noir. Superbe ép., belle marge.

360 **Bourgogne** (Duchesse de). Frontispice de l'Office de la semaine sainte, qui lui est dédié. In-8, par *Pitau*.

361 **Brancaccio** (Elisabetta Principessa di Triggiano). In-8, par *Varin*. Superbe ép. sur chiné, très grande marge, de la plus grande rareté.

362 **Brantomme** (Mme de). Fac-simile d'un dessin in-fol., sanguine, rare.

363 **Briquet** (Fortunée). In-8, superbe ép., par *Gaucher*, d'après de Noireterre (célèbre femme poëte).

364 **Butts** (Margaret lady). In-4 en couleur, d'après *Holbein*. Superbe ép., toute marge.

365 **Campan** (Mme). In-8 avant la lettre, par *Fauchery*. Superbe ép. sur chine, marge.

366 **Carcado** (Mme la comtesse de). In-8, par *Gaucher*, 1er état, coiffée en cheveux avec des roses, avant toute lettre, la tablette blanche. Superbe ép., très rare.

367 **Caroline** de Brunswick. Ovale in-8, superbe ép. avant toute lettre, marge vierge.

368 **Caroline**, Mathilde d'Angleterre, reine de Danemarck. In-4, chez *Martinet*.

369 **Caroline**, reine de Naples. Ovale in-4 orné, imp. en rouge, gravé par *Boutelou*. Très-belle ép.. toute marge.

370 **Catherine** Alexiewna II, impératrice de toutes les Russies, in-8, par *Barbier*. Superbe ép., marge vierge.

371. **Chantal** (Sainte), dans un entourage, avant toute lettre. — Par *Marlier*, avant la lettre. — par *Dien*. 3 p. in-8 très belles.

372 **Charlotte**, Amélie, reine de Danemark et Norvège. In-fol., par *Gunst*. Belle ép.

373 **Charlotte**, Marie de Lorraine. In-4, chez *Daret*. Belle ép., marge.

374 **Chateauroux** (Duchesse de), par *Gervais*, avant la lettre chine, — avec la lettre. 2 p. très grand in-8, marges, très belles ép.

375 **Chevreuse** (Marie de Rohan, duchesse de). Petit in-4, par Daret, — par Balechou, — par Gaitte, in-8. 3 p. superbes.

376 **Clermont** (Mlle). Manière noire, par *Smith*. Superbe.

377 **Combé** (Marie de), première supérieure des filles du Bon-Pasteur. In-8, par *Le Clerc* le jeune. Très belle ép., très rare.

378 **Conty** (Anne-Marie Martinozzi, princesse de). Petit in-4, par *Larmessin*. Superbe ép., marge.

379 **Conty** (Marie-Anne de Bourbon, princesse douairière de), ci-devant Mlle de Blois. In-4, par *Larmessin*. Superbe.

380 **Conty** (Louise-Élisabeth de Bourbon Condé, princesse de). In-8, rare.

381 **Conty** (Marie-Thérèse de Bourbon, princesse de). In-4, par *Larmessin*.

382 **Conti** (Mme la princesse de). Petit portrait dans un charmant entourage. In-8, chez *Crespy*. Superbe ép., très rare.

383 **Conti** (Princesse de). Diane d'Orléans, in-8, par *Peronard*. Superbe ép. avant la lettre, papier du Japon, tiré à deux ép., toute marge,

384 **Corday**, Anne-Charlotte Cordet d'Armand, *âgée de 25 ans, tueuse du citoyen Marat. Paris, chez le marchand des modes.* Ovale in-8 d'ap. *Gaucher.* Elle est coiffée d'un chapeau, tient le poignard de la main droite, et se retourne pour regarder à gauche, derrière elle. Grande marge, d'une grande rareté.

385 — Ovale in-8, par *Lips.* Superbe ép., marge vierge.

386 — Ovale petit in-4, *Le Lu Pin.* — *Mgx sculp.*, dessinée et gravée d'après nature. Superbe ép., marge vierge.

387 **Cornuel** (Mme), in-8, par *Fessard,* d'ap. Ferdinand. Superbe ép. avec l'adresse d'Odieuvre, grande marge.

388 **Coulanges** (Mme de), avant toute lettre. — Lettre à un trait sur chine, 2 p, in-8, superbes, toute marge, très rares.

389 **Cuzance** (Béatrix de), princesse de Cantecroix. Petit in-4, superbe ép., marge.

390 **Dacier** (Mme), in-8, par *Amb. Tardieu,* ovale avant toute lettre. — Avec la lettre. — La Comtesse de Caylus. 3 p., superbes ép., toute marge.

391 **D'Andouins** (Diane), dite la belle Corisande, in-8, par *Peronard*. Superbe ép. avant la lettre sur papier du Japon, tiré à deux ép., toute marge.

392 **Descars** (Suzanne), dame de Pompadour. Fac-simile de dessin, sanguine, rare.

393 **Deshoulières** (Mme), in-8, par *Schmidt*. Superbe.

394 **Devonshire** (Duchesse de). Grand in-8, superbe.

395 **Du Barry** (Mme la comtesse), in-8 en couleur, avant toute lettre. Très rare ép., par *Bonnet*.

396 — In-8, par *Gaucher*, d'après *Drouais*. Médaillon entouré de roses et attributs de l'Amour en bas. Très belle ép., marge vierge.

397 — In-8, par *Le Beau*. Médaillon entouré de roses et attributs. Superbe ép. avant le n° 16, toute marge.

398 — In-8, par *Le Beau*, avec le n° 16. Superbe ép., toute marge.

399 — d'après *Le Beau*, in-8. Joli portrait, marge.

400 — In-8, par *Le Grand*, avec guirlandes de roses. Superbe.

401 — In-8, par *Lalauze*. Frontispice : son portrait soutenu par deux Amours devant un Satyre écrivant. Belle eau-forte en couleur sur chine volant, toute marge, superbe.

402 — par Anonyme, in-8 en Bacchante tenant un thyrse. Très belle ép., rare.

403 — In-8, avec six vers au bas. Très belle ép.

404 — Médaillon entouré de fleurs, en bas deux vers. *Les Grâces et l'Amour*, etc. : 1ʳᵉ ép., la figure large. — 2ᵉ état, la figure plus allongée, la chevelure semble en deux parties, l'une sur l'autre. 2 p. superbes, grandes marges.

405 — In-8 ovale. *Bonneville* del, Belle ép.

406 — In-8. *Bovinet* sculp. en grande coiffure à plume. Superbe ép., marge.

407 — Morse d'après le buste, in-8. Magnifique ép. avant la lettre sur chine, très grande marge.

408 — Ovale grand in-8. Prenant son café. Eau-forte par *Peuchot*, en bistre, rare, Superbe ép., toute marge.

409 — et la duchesse de Bourgogne. 2 p. grand in-8 avant toute lettre, toute marge.

410 **Du Chatelet** (Marquise), Gabrielle-Emilie de Breteuil, in-8 par *Langlois*, d'après Loir. Très belle ép.

411 — Forssell avant la lettre, Delvaux, Lempereur, Haid, Macret et autres. 8 p. très belles.

412 **Duchesse** (Mᵐᵉ la). Petit médaillon dans un entourage orné d'Amours. Très belle ép., chez *Crespy*, rare.

413 **Du Deffant** (Marquise), d'après *Carmontelle*, par Forshel, Freeman, Ruhierre avant la lettre, et autres. 6 p. in-8, superbes.

414 **Elisa**, grande duchesse de Toscane. Petit portrait par *R. Morghen* avant la lettre, toute marge, très rare.

415 **Elisabeth**, Philippe-Marie-Hélène de France, grand in-8, entourage orné, de profil, par *Romanet*, d'après Fontaine. Très belle ép., marge.

416 — Ovale in-4 par *Bouillard*. Magnifique ép., marge vierge.

417 — La même, les deux lignes *gravées par J. Bouillard* effacées et remplacées par une seule, *gravée d'après le tableau*, etc. Belle ép.

418 — Ovale in-8 par *Agar*. Très belle ép., marge rare.

419 — Ovale avec armoiries rayonnantes, in-8 par *Schiavonetti*. Superbe ép., lettre grise.

420 — Ovale in-8 avant toute lettre, par *Bartolozzi*. Superbe, très rare (elle a une coiffure à plumes).

421 — La même, avec armoiries rayonnantes. Très belle ép., lettre grise.

422 — Très petit profil sur un tombeau, avec un Amour et le Temps, qui a brisé sa faux. Charmante petite pièce. Superbe ép., toute marge, très rare.

423 — Petit in-4 avec attributs. A Londres, chez les marchands de nouveautés. Superbe.

424 — Ovale in-8 par *Tardieu*. — Profil à droite. 2 p.

425 — Profils à droite et à gauche, et en pied. 3 p.

426 **Elisabeth** d'Angleterre. Petit portrait ancien. — Lithog. à mi-corps, in-4. 2 p.

427 **Espinoy** (Mme la princesse d'). — M. L. G. de Parme, reine d'Espagne. 2 p. dans des entourages ornés d'Amours, in-8, chez *Crespy*. Superbes ép., rare.

428 **Ferronnière** (La belle), in-8 avant la lettre, *Victor Dague, aqua-forta*. Superbe ép., toute marge.

429 **Fontaine** (Louise-Eugénie de), religieuse de la Visitation, in-8 par *Edelinck*. Très belle ép., très rare.

430 **Fontanges** (Mlle de). — Mme de **Montespan**, divers. 17 portraits.

431 **Fumel** (Mme Henriette-Marie-Anne de), supérieure générale de l'instruction charitable du Saint-Enfant-Jésus, in-4 par *Bertonnier*.

432 **Gabrielle d'Estrées**, in-8 par *Oury*, avant la lettre, *ex dono* signé. Superbe.

433 **Genlis** (Comtesse de), coiffée d'un chapeau, in-8 par *Copia*. Superbe ép., marge vierge.

434 — Par *Poreau*, pour la Galerie de Versailles, avant toute lettre, sur chine.

435 — Étant jeune, appuyée sur une harpe. — Agée, par *Coupé*, avant la lettre sur chine. 2 p. in-8.

436 **Girardin** (Mme de), in-8 par *Flameng*, avant la lettre. Très belle ép., marge.

437 **Graffigni** (Mme de), in-4 par *Levêque*. Très belle.

438 **Grignan** (Françoise-Marguerite de Sévigné, comtesse de), in-8 par *Petit*.

439 — In-8 par *Dien*, d'après Devéria. Superbe ép. avant toute lettre, toute marge. — Avec la lettre. 2 p.

440 — Suite de *Desrochers*, Galerie de Versailles et autres. 4 p.

441 — In-8 par *Allais*, d'après Mᵐᵉ Colin, sur chine ou sur blanc. 2 p. superbes, toute marge.

442 **Helyot** (Mᵐᵉ). In-4, par *Bazin*. Superbe.

443 **Henriette d'Angleterre.** Grand in-8, chez *Boissevin*, — par *Dien*. 2 p. Superbes ép.

444 **Henriette de France.** In-8 par *Bertonnier*, pour les Oraisons funèbres, lettre blanche, sur chine et sur blanc. 2 p. Superbes, toute marge.

445 **Jeanne d'Arc.** In-8 par *De Marcenay*. Superbe ép. avant toute lettre.

446 — La même. Superbe ép. avec la lettre.

447 — In-8 par *Le Mire*. Superbe ép., toute marge.

448 — In-8 par *Delvaux*. Très belle ép.; marge.

449 — In-4 par *Gaucher*. Très belle ép., très grande marge.

450 — En pied, in-8, par *Toussaint Caron*, eau-forte pure et terminée avant la lettre sur chine. 2 p. Superbes.

451 **Joséphine**, impératrice, en costume du Couronnement. Petit in-fol., gouachée, d'après *Isabey*.

452 — Eau-forte pure. — Terminée par Jules *Porreau*, avant toute lettre. 2 p. in-8. Superbes.

453 — En pied, par *Blanchard*, d'après *Prudhon*, in-4 en bistre. Très belles ép.

454 **Kauffman** (Angelica), d'après elle-même, par *Schulze*, sous le titre de grande Vestale. Superbe ép. in-fol. avec la 1ʳᵉ inscription en français, la seconde est en italien, marge. Collection Corneillan.

455 **La Borde** (Mᵐᵉ de). Très petit portrait sur un chevalet, une Statue de Cérès, et le tableau au fond représentant Vénus et l'Amour. M. de La Borde, assis, tient une tabatière sur laquelle est le même portrait. Charmante vignette in-8 par *Masquelier*, d'après *Le Bouteux*. Superbe ép., toute marge.

456 **Lacroix** (Jeanne-Victoire), épouse du sieur Lale, graveur; au bas, son tombeau, in-4 sur chine. Superbe, toute marge.

457 **La Fayette** (Mᵐᵉ de). In-8 par *Mottet*, avant la lettre sur chine, — avec la lettre. 2 p. Superbes ép., marge.

458 — In-8, par Fessard, avec adresse d'Odieuvre, — par Lecœur, — par Dien. 3 p. Superbes.

459 **Lamartine** (Mᵐᵉ de), mère. In-8 par *Conquy*. Superbe ép. avant la lettre sur chine, toute marge.

460 **La Motte** (Mᵐᵉ de), comtesse de Valois, de face, — autre dirigé à gauche. 2 p. in-12, coiffées de chapeaux. Superbes.

461 **Lamballe** (M. T. Louise de Savoie-Carignan, princesse de). In-12, rare.

462 — Ovale in-8. *Roger direxit*. Superbe ép., lettre grise, toute marge.

463 — Profil d'après *Gabriel*, par Jules *Porreau*, en bistre. — La même en noir, sur chine. 2 superbes ép. avant la lettre, toute marge.

464 — La même, avant la lettre, — avec la lettre. 2 p. en bistre. Superbes ép., toute marge.

465 **La Sablière** (Mme de), protectrice de La Fontaine, in-8, par *Tony Johannot*, d'ap. *Colin*. Superbe ép. avant la lettre, marge vierge.

466 — La même, lettre grise. Superbe ép., marge vierge.

467 — La même, avec la lettre sur chine. Très belle ép., toute marge.

468 — Écoutant La Fontaine qui lui lit ses fables, in-8 par *Géraut*, d'après *Devéria*. Superbe ép. avant la lettre sur chine, marge vierge.

469 **La Vallière** (Mlle de). In-4 par *De Larmessin*. Très belle ép. — In-8 par *Chaulet*. 2 p.

470 — Par Benoist. — Le Cœur. — En religieuse. In-12 par Duflos, etc., 4 p. Très belles.

471 — En Madeleine, d'après Le Brun, par *Voyez*. Petit in-4.

472 — In-12, par *Bein*, avant et avec la lettre. 2 p. Superbes.

473 — En pied, in-8 par *Mote*. Superbe, toute marge.

474 — In-8, par Jules *Porreau*, épreuve d'artiste. Magnifique ép., toute marge.

475 — In-8, par *Sixdenier*, eau-forte pure. — avant la lettre. 2 p. sur chine. Superbes ép., toutes marges.

476 — La même, avec la lettre sur chine — et sur blanc. 2 p. Superbes, toutes marges.

477 — En buste et en pied, divers. 29 p.

478 **Lavergne** (Mlle), nièce de M. Liotard, d'après lui, par Mme *Ardell.* Manière noire, petit in-fol. Superbe ép. Collection Muhlbacher.

479 **La Vigne** (Mme Anne de). In-8, par *Schmidt.* Très belle ép., avec l'adresse d'Odieuvre.

480 **Le Bouthilier** (Anne-Marie de Bragelongne, femme de Claude), d'après *Nanteuil,* avant et avec la lettre. 2 p. ovales in-4. Superbes.

481 **Lecomte** (Marguerite), amie de Watelet. In-8, par *Peronard.* Superbe ép. avant la lettre sur papier du Japon, tiré à deux ép., toute marge.

482 **Le Gras** (Mlle), fondatrice des Filles de la Charité, par *Mécou — Sisco —* et autre. 3 p. Très belles.

483 **Lemon** (Marguerite), maîtresse de Van Dyck, par *Morin,* coupée en octogone.

484 **Lenormant** (Mlle), nécromancienne, par *J. Porreau,* eau-forte — terminée. 2 p. in-8 avant la lettre, toute marge.

485 **Longueville** (Duchesse de). In-8 par *Huret,* d'après *Beaubrun.* Superbe ép. d'une grande rareté.

486 — In-8, par *Fillœul.* Très belle épreuve avec l'adresse d'Odieuvre, marge.

487 **Louise** Marie de France, religieuse carmélite. In-8 par *Le Beau,* d'après *Queverdo.* Superbe ép., marge.

488 **Lussan** (Mlle de). In-8 avant toute lettre, rare. Superbe.

489 **Macauley** (Mme). In-fol. par *Hubert*, d'après Bounieu. Superbe.

490 **Wailly** (Mme de). Petit ovale, par *Ceroni*. Magnifique ép. avant toute lettre (21) sur chine, tirage à cent ép., grand papier.

491 **Maine** (Duchesse du), dans un entourage orné, chez *Crespy*. Rare.

492 — En buste et en pied. 8 p.

493 **Maintenon** (Mme de), en veuve. Petit in-fol., toute marge.

494 — In-8, par *Benoist*. 2 ép. différentes, la figure changée. Très belles ép. dont une avant des travaux.

495 — In-8, par *Tavernier*, eau-forte pure, avant la lettre chine et blanc. 3 p., toute marge.

496 — Mariage de Louis XIV avec Mme de Maintenon, par *Simonet*, d'après *Moreau* le jeune, avant et avec la lettre. 2 p. Superbes ép., marges.

497 — In-8, par *Lépicié*, avec l'adresse d'Odieuvre. — chez Daumont, — par Lambert et autre. In-12. 4 p., remargées.

498 — In-8, par *Mécou*, d'après de *Troy*, avant toute lettre, — avec la lettre. 2 p.

499 — Portraits divers, en buste et en pied. 30 p.

500 **Marguerite de Valois**. In-8 avant la lettre — avec la lettre. 2 p. ovales par *Amb. Tardieu*. Très belles ép., marges.

501 **Marie**-Christine-Victoire de Bavière, dauphine. In-8 par *Desrochers*. Très belle ép., toute marge.

502 **Marie**-Ferdinande de Saxe, grande duchesse de Toscane. In-4 par *R. Morghen*. Superbe ép. avant toute lettre, marge in-fol.

503 **Marie**-Joséphine-Louise de Savoie, reine de France, armoiries rayonnantes. In-8 par *Schiavonetti*. Superbe ép., lettre grise.

504 **Marie Leczinska**, reine de France, in-8. — En pied en grand costume, in-4 par de *Marne*, d'ap. *Vanloo*, marge. 2 p. Très belles.

505 — Petit ovale, par *Gaucher*. Très rare ép. imp. avec un cachet pour les ornements. Marge.

506 — In-8, par *Duponchelle*, d'ap. *Nattier*. Superbe ép., toute marge.

507 — In-8, par *Bonvoisin*, d'après *Nattier*, avant la lettre, la tablette blanche. — La même, lettres blanches. 2 p. tirées des Oraisons funèbres. Superbes ép., toute marge.

508 **Marie-Louise**, d'après *Isabey*, dans un entourage, in-4. Superbe ép., lettre grise. — Autre planche, ovale in-8, avant toute lettre. 2 p.

509 — Par *Monsaldy*, d'après *Isabey*, ovale colorié, toute marge.

510 — Petit in-4, par *Desnoyers*. Superbe ép., marge vierge.

511 — Ovale in-4. Superbe ép. avant toute lettre, marge vierge.

512 — En pied, par divers artistes. 8 p.

513 — En buste, par divers artistes. 15 p.

514 **Marie de Médicis**, in-8 par *Desrochers*. — Petit in-4, chez *Daret*. 2 p. Superbes ép., marge.

515 **Marie Stuart**, par *Hardiviller*. Superbe ép. avant la lettre sur chine, toute marge, — par *Geoffroy*. 2 p.

516 **Marie-Thérèse**, dauphine de France, in-8
par *Pinssio*. Très belle ép. avec adresse, marge.

517 **Marie-Thérèse**, reine de Hongrie, mère de
Marie-Antoinette, in-8 par *Le Beau*. Superbe
ép., marge.

518 **Marie-Thérèse**, femme de Louis XIV,
in-8 par *Bertonnier*, tiré des Oraisons funèbres,
lettres blanches. Superbe ép., toute marge.

519 **Mongruel** (Mme). In-4 lithog., par *Desmaisons*,
sur chine, toute marge.

520 **Montespan** (Marquise de). In-8, suite de
Desrochers, toute marge.

521 — En pied, par *Mote*, grand in-8. Superbe,
toute marge.

522 — Par *Aubert*, avec l'adresse d'Odieuvre. —
autre remargée. 2 p. in-8, très belles.

523 — In-8 avant toute lettre, toute marge. Superbe.

524 **Montpensier** (Mlle de). Profil, lettre à un
seul trait et avec la lettre. 2 p. in-8, chez Blaise.
Très belles.

525 — Profil à droite, par *Saint-Aubin*, lettre grise
avec Mademoiselle seulement. — La même avec
la lettre. 2 p. in-8. Superbes, toute marge.

526 **Montullé** (Mlle), l'aînée. In-4 par *Dauvergne*,
d'après *Gonzalès*, avant toute lettre et avec la
lettre. 2 p. Magnifiques ép., toute marge.

527 **Neubourg** (Marie-Anne-Josèphe, princesse
de). In-4, par *Larmessin*.

528 **Ninon de Lenclos**, par *Schmidt*, in-8 avec
adresse, grande marge. Superbe.

529 — In-8, d'après la peinture qu'elle a donnée à la comtesse de Sandwich. Superbe, rare.

530 — Profil, gravé par *Hall*, 1780, in-8. Superbe ép., marge, rare.

531 — En pied, in 8 par *Tony Johannot*, eau-forte pure. — avant la lettre. 2 p. Superbes, toutes marges, sur chine.

532 — In-8, par *Tavernier*, eau-forte pure sur chine, — avant la lettre sur chine, — avec la lettre. 3 p. Superbes.

533 — En pied, par *Gervais*, d'après Beaucé, avant toute lettre, toute marge, — avec la lettre. 2 p.

534 — In-12, eau-forte pure. — In-8, par *Coupé*, d'après *Devéria*, sur chine. 2 p. avant la lettre. Superbes.

535 — Par *Saint-Aubin*, profil à gauche, lettre grise sur chine volant. — Profil à droite. 2 états différents. 3 p.

536 — In-8, par *Leguay*, avant la lettre sur chine, marge in-fol. Superbe.

537 **Orléans** (Élisabeth - Charlotte, palatine, duchesse d'). Grand in-8, par *Read*.

538 **Orléans** (Marie-Louise d'). Mlle de Valois, avant toute lettre, sur chine. Superbe.

539 **Philippine**-Charlotte de Brunswick. In-8, rare.

540 **Plessis** (Anne de). Fac-simile de dessin, sanguine, in-fol.

541 **Polignac** (Gabrielle de Polastron duchesse de). In-8, par *Varin*, bistre et noir. 2 p. superbes, toute marge.

542 **Pompadour** (Marquise de) en nymphe, in-8,
par *Le Beau*, superbe ép., marge vierge.

543 — In-12 profil, par *Mariage*, très belle ép.

544 — En pied, par *Pauquet*, très grand in-8,
superbe ép. avant la lettre sur chine, toute
marge.

545 — Ovale grand in-8, tenant un livre de musique,
superbe ép. avant toute lettre, toute marge.

546 — La même, sur chine, superbe ép. avant toute
lettre, toute marge.

547 — Petit ovale, par *Ceronni*, en bistre, tiré à
7 épreuves, superbe, toute marge.

548 — La même, avant toute lettre sur chine (26),
tiré à 100, superbe, toute marge.

549 — Petit ovale, entouré de roses, en bas deux
tourterelles, in-8, par *Nargeot*, superbe ép.,
toute marge.

550 — Manière noire, in-4, par *Watson*, très belle
épreuve.

551 — Caricature à l'eau-forte. Le Contrôleur gé-
néral lui allonge des coups de fouet, explication manuscrite au bas, d'une grande rareté.

552 **Rambouillet** (Mlle de). Julie-Lucine d'An-
gennes, entourée de fleurs, in-8, eau-forte par
Lalauze, avant la lettre, la tablette blanche,
superbe, toute marge.

553 — La même, avec la lettre, superbe ép., toute
marge.

554 **Rebecque** (Mme la baronne de) à sa dernière
heure, rond in-4, par *Saint-Aubin*, de la plus
grande rareté.

4

555 **Récamier** (Mme). A mi-corps montant un escalier, par *Cardon*, d'après *Cosway*, in-4, superbe.

556 — In-4, par Charles *Silesien*, très belle ép.

557 — Contre-partie, l'escalier est à gauche, très belle ép., marge.

558 — In-8, par *Porcau*, eau-forte, — terminée avant la lettre. 2 p. en bistre, superbes, toute marge.

559 **Roland** (Mme). In-fol., par *Flameng*, sur chine.

560 **Sablé** (Mme de). In-8, par *Leguay*, très belle ép. avant la lettre, toute marge.

561 **Saint-Aubin** (Mme). La Sultane validé, in-4, sanguine, superbe.

562 **Sand** (Georges), par *Robinson* et autres. 4 p.

563 **Scarron** (Mme). Rond in-4, fac-simile, sanguine.

564 **Schurman** (Anne-Maria). 3 p. différents.

565 **Sens** (Mlle de). Elisabeth-Alexandrine de Bourbon, in-4, par *Peronard*, très rare ép., papier du Japon, tiré à deux ép. avant la lettre, toute marge.

566 **Sévigné** (Marquise de). Petit in-fol., ovale, en couleur, par *Alix*.

567 — In-8, par Jac. *Chereau*, très belle ép.

568 — In-8, par *Schmidt*, avec l'adresse. L'adresse effacée, grande marge. 2 p. très belles.

569 — *Hopwood*, petit carré, avant la lettre sur chine, — avec la lettre. 2 p., toute marge, superbes.

570 — Par *Roger*. 3 p. in-8.

571 — *Delvaux* pour Cazin, *Bertonnier* et autres. 4 p.

572 — Par *Caron*, sur chine et blanc, Mme de **Grignan**, chine et blanc. 4 p. in-8, superbes, toute marge.

573 — In-8, par *Masquelier*, d'après Petitot, superbe ép., toute marge.

574 — Par Chereau, Dequevauvillers, Hopwood et autres, divers en buste et en pied. 46 p.

575 **Simiane** (Marquise de), par *Lecomte*, avant la lettre, in-8, sur chine, superbe ép., toute marge.

576 — In-8, par *Dien*, avant toute lettre, magnifique ép., toute marge, la même avec la lettre remargée. 2 p.

577 — In-8, par *Masquelier*, d'après *Largillière*, superbe ép., toute marge.

578 **Spencer** (Comtesse). In-4, d'après *Reynolds*, par *Bartolozzi*, très belle ép.

579 **Stael** (Mme de). Eau-forte pure, par Vallot, — Mme Fournier, — Corinne. 3 p. très belles.

580 **Tour d'Auvergne** (Marie de la), duchesse de la Tremoille et de Touars, ovale petit in-4, chez *Mariette*, superbe ép., marge, rare.

581 **Vendôme** (Marie-Anne de Bourbon, duchesse de). In-8, par *Desrochers*, toute marge.

582 **Vendôme** (Duchesse de). Françoise de Lorraine, chez *Boissevin*, petit in-4, marge, superbe ép.

583 **Verneuil** (Henriette de Balzac, marquise de).
In-8, par *Aubert*, toute marge.

584 — In-8, octogone, par *Scriven*, superbe ép.,
marge.

585 **Verrue** (Jeanne d'Albert de Luynes, comtesse
de), par *Gaucherel*, d'après la miniature à
M. le baron Pichon, grand in-8, superbe ép.,
toute marge.

586 **Famille royale.** Mmes Elisabeth, — Clotilde,
— Madame, — comtesse d'Artois. 4 très petits
portraits coloriés, très rares.

587 **Femmes** célèbres. Féronnière, Fornarina,
lithog.

588 **Femmes célèbres.** Pompadour, Ninon,
Récamier et autres. 16 p.

589 — La duchesse de Bourgogne et autres, très
grand in-8, avant toute lettre. 6 p., grandes
marges.

590 — De George Sand, Alezia, Louise, avant toute
lettre; la marquise, avec la lettre, sur chine.
3 p. grand in-8, superbes, toute marge.

591 — Marie Leckzinska, avant la lettre sur chine;
Fontanges chine et blanc; Maintenon, Montespan, etc., par Roger. 6 p. in-8, superbes,
toute marge.

592 — Anciennes et modernes. 52 p.

———

PORTRAITS DE MARIE-ANTOINETTE

593 **Marie-Antoinette**, par *Agar*, ovale in-8,
Maria Antoinetta of Austria queen of France,
superbe ép., marge vierge.

594 — Par *Bartolozzi*, ovale in-8, dirigé à droite, en bistre, *Her Majesty*, superbe ép., lettre grise, marge.

595 — Par *Bartolozzi*, ovale avec armoiries rayonnantes, grand in-8, lettre grise, superbe.

596 — Chez *Basset*, ovale in-8, en couleur, d'après Mᵉ *Lebrun*, coiffure à plume et aigrette.

597 — Par *Benoist*, petit rond, d'après Mᵐᵉ *Lebrun*, le nom autour du rond, superbe ép., toute marge.

598 — Par *Berger*, ovale in-8, profil à gauche, haute coiffure à plume et aigrette, eau-forte, en bistre. Collections Laberaudière et Michelot.

599 — Par *Bertonnier*, carré in-8, pour les oraisons funèbres. Magnifique ép., la tablette blanche, avant la lettre, toute marge. Collection Em. Martin.

600 — La même, la tablette ombrée, lettres blanches, superbe ép., toute marge.

601 — Par *Bertrand*, ovale équarri in-8, armoiries au bas, — par *Blanchard*, petit carré. 2 p.

602 — Vᵉ *Bonnefoix*, carré in-4, d'après Mᵐᵉ *Lebrun*, superbe ép., toute marge.

603 — Louis *Bonnet*, ovale équarri, en couleur, in-8, d'après le tableau de *Klanzinger* qui est aux appartements de Mesdames (comme Dauphine), superbe ép., très rare.

604 — *Bonneville*, ovale in-8, d'après Mᵐᵉ *Lebrun*, toute marge.

605 — *Bonvoisin*, ovale équarri in-8, tablette blanche avant la lettre sur chine. — La même, lettre blanche. — La même, avec la lettre, avant *Dien imp.* 3 p. superbes, toute marge.

606 — *Bosselman*, claire-voie in-8, avant et avec l'adresse de Chardon, 1er et 2e état, — octogone in-8, au tribunal révolutionnaire. 3 p., très belles ép., marge.

607 — *Bovinet*, ovale in-8, d'après Mme *Lebrun*. 2 ép. superbes, avec marge.

608 — *Cathelin*, in-12 carré, dirigée à gauche, superbe ép., toute marge.

609 — *Claessens*, rond équarri grand in-8, au bas une urne *O cendres que j'adore!...* très belle ép.

610 — *Condé*, ovale in-8, au-dessus de l'ovale *Beheaded oct.* 16, 1793, elle regarde à droite, très belle ép., très rare.

611 — *Condé*, ovale in-8, elle regarde à gauche, superbe ép., marge vierge.

612 — *Curtis*, d'après *Dufroe*, ovale équarri in-fol., en couleur, superbe ép., rare.

613 — *Demarteau*, rond sanguine, médaillon d'après *Vassé*, profil à gauche in-4, superbe ép., très rare, marge.

614 — *Desnos*, (Chez), rond entouré de roses équarri, in-4, comme Dauphine, en rouge, rare.

615 — *Dupin*, ovale équarri, orné de fleurs, grand in-8, très belle ép., marge vierge.

616 — Dirigée à gauche, gravé par *Duponchel*, petit in-fol., 1er état, imp. en rouge, superbe ép., toute marge.

617 — La figure changée, peint par *Vanloo*, gravé par *Dupin* fils, 2e état, superbe ép., toute marge.

618 — La coiffure changée, 3ᵉ état, superbe ép.

619 — Portrait effacé et remplacé par le profil, dirigé à gauche, avec grande coiffure, plumes et aigrette, 4ᵉ état, superbe ép., marge vierge.

620 — *Duponchel*, ovale équarri in-fol., d'après *Du Creux*, 1ᵉʳ état, comme Dauphine.

621 — *Flameng*, profil à gauche, in-8, haute coiffure avec plumes, sur chine volant, toute marge.

622 — *Forssell*, ovale équarri, in-8, d'après Mᵐᵉ *Lebrun*. superbe ép., marge vierge.

623 — *Fournier* (Mᵐᵉ). In-8 claire-voie, coiffure avec plumes et aigrette, sur chine et sur blanc. — La même, avec un entourage carré. 3 p. superbes, toutes marges.

624 — *Gabrielli*, ovale équarri, in-4, en bas la scène de son exécution, très belle ép., rare.

625 — *Gaucher*, profil à gauche, rond dans des nuages, in-8, d'après le dessin de *Moreau le jeune*. Magnifique ép., les noms des artistes à la pointe, marge vierge, in-4, de la plus grande fraîcheur, très rare.

626 — La même, avec les noms des artistes gravés, superbe ép., marge, rare.

627 — La même, avec la lettre, *A la Reine*, etc., très belle ép.

628 MOREAU le jeune. **Marie-Antoinette** jeune, profil à droite, petit rond entouré de fleurs dans des nuages, charmant **dessin original** à la plume lavé de bistre et signé 1774. Collection Em. Martin.

Ce portrait a été gravé par Gaucher.

629 — *Genty* (Chez). Carré grand in-8, d'après Mme *Lebrun*, très belle ép., marge vierge.

630 — *Geoffroy*. Dans un entourage carré in-8. — La même, octogone, le fond ombré et un entourage autour. 2 p., belles ép.

631 — *Guttenbrunn*, claire-voie in-8, en bistre, elle regarde à droite, très belle ép., très rare, marge.

632 — *Henauts et Rapilly* (Chez). Ovale équarri, orné, dirigée à droite, Dauphine, grand in-8, superbe ép., marge vierge.

633 — *Hopwood*, ovale in-8, dirigée à gauche, très belle ép. remargée, rare. Collection Em. Martin.

634 — *Hubert*, ovale équarri, profil à gauche, Dauphine, très belle ép., rare.

635 — *Hubert*, ovale équarri grand in-8, dirigée à gauche, d'après *Queverdo*, superbe ép., toute marge.

636 — *Janinet*, 1777, ovale in-fol., en couleur, en grand costume, haute coiffure ornée de plumes, perles, aigrette; l'encadrement découpé pour poser dessus, en couleur et or. 2 p. superbes, rares. Collection Muhlbacher.

C'est un des plus importants portraits de la reine.

637 — *Jean* (Chez), ovale in-8, d'après Mme *Lebrun*, superbe ép., marge vierge.

638 — *Jumel*, maître écrivain de la ville de Caen, profil à gauche en trait de plumes, dans un entourage pareil, petit in-fol., rare.

639 — *Le Beau*, in-12. Ovale équarri, profil à droite, très belles ép., toute marge, d'après *Marillier*.

640 — *Le Beau*. Ovale équarri, grand in-8, profil à droite, très belle ép., toute marge, d'après *Marillier*.

641 — *Le Beau*. Ovale équarri grand in-8, d'après *Mauperin*; en bas un tableau : Minerve la couronne. Superbe.

642 — *Le Beau*. Ovale équarri, petit in-fol., orné, d'après *Fossier*. Très belle ép., Dauphine, rare.

643 — *Le Beau*. Ovale équarri, grand in-8, profil à gauche, très belle ép.

644 — *Le Beau*, ovale équarri, grand in-8, orné, haute coiffure, avec plumes, perles et aigrette. Magnifique ép. avant le numéro.

645 — La même, avec le n° 110. Très belle ép., toute marge.

646 — Mme *Le Brun* (D'après). Ovale in-8 en couleur, le buste de Louis XVI sur un piédestal à gauche. Rare.

647 — Mme *Le Brun* (D'après). Rond équarri par *Le Vachez*, in-8 en couleur. Charmant portrait, magnifique ép., marge vierge.

648 — Mme *Le Brun* (D'après). Ovale petit in-fol., par *Macret*, avant la lettre avec les armes.

649 — La même avec la lettre, en couleur. Très belle ép., rare.

650 — La même, avec la lettre, et dessiné par *Rubens* et gravé par *Schinker*; plusieurs lignes sont ajoutées, ovale avant les coins. Très belle ép., rare.

651 — La même, avec des angles pour faire un carré; le texte a des changements. Superbe ép.

652 — *Legoux*, rond in-8, d'après la marquise de *Lezay Marnesia*. Superbe ép., marge.

653 — *Le Mire*, ovale soutenu par deux Amours qui la couronne, d'après *Moreau*, in-8. Superbe ép., remargée, très rare.

654 — *Lenoir* et *Pillot* (Chez). Ovale petit in-4, d'après Mme *Le Brun*. Superbe ép., marge vierge.

655 — *Marckl*. In-8, clairevoie en 2 états différents. 2 p. très belles.

656 — *Massard*. Très petit ovale équarri, in-18, vrai bijou, 1er état, chez l'auteur. — 2e état chez Le Père et Vaulez. 2 p. très belles, très rares.

657 — *Mathiot* (Chez Germain). Profil à gauche, ovale entouré, in-4; en bas un Amour. Superbe ép., toute marge.

658 — *Mondhare* (Chez). Ovale équarri in-4. Très belle ép.

659 — *Née* et *Masquelier*, in-8. Frontispice du IIe tome des Chansons de La Borde, d'après *Le Bouteux*. Superbe ép., remargée.

660 — *Neviance* (Victoire). Très petit ovale dans un joli entourage in-12. Superbe ép., très rare.

661 — *Neidel*, in-4, d'après *Gratise*. Ovale équarri, avant l'ombre à gauche au bas de l'ovale, toute marge. — La même, retouchée, avec l'ombre à gauche. 2 p. très belles.

662 — *Nilson*, petit in-4, d'après *Miltiz*. 1er état Dauphine. — 2e état Regina à la place de Delphina. 2 pièces très belles, toute marge.

663 — *Phelippeaux*, in-8 en couleur, d'après Mme *Dabos*. Très belle ép., rare.

664 — La même en noir. — La même retouchée, les noms d'artistes effacés. — La même, le texte changé. 3 p. in-8.

665 — *Prieur*. La Reine à la conciergerie, in-4, tiré du cabinet de M. l'abbé Caron. Superbe ép., toute marge.

666 — *Ransonnette*, d'après *Raffet*. — *Roger*, d'après *Dumont*, sur chine et sur blanc. 3 p. in-8. Superbe ép., toute marge.

667 — *Roger*, d'après *Callet*, sur Chine et sur blanc, ovale. — Pamela *Dautel*, claire-voie. 3 p. in-8, superbes ép., toute marge.

668 — *Ruotte*, ovale petit in-4, profil à droite, avant toute lettre.

669 — La même en couleur, lettre grise. Très belle ép.

670 — *Savart*. Infiniment petit profil entouré de fleurs. Magnifique ép. de la plus grande rareté. Collection Ém. Martin.

671 — *Schiavonetti*. Ovale avec armoirie rayonnante, grand in-8, lettre grise. Très belle ép.

672 — *Simonet*. Ovale équarri petit in-4, d'après *Carolus*. Très belle ép. avant la lettre. Profil à gauche.

673 — *Tourcaty*. Ovale in-8, profil à gauche, très belle ép., toute marge.

674 — *Vérité*, in-8, d'après Mme *Le Brun*. Superbe épreuve.

675 — *Vidal*. Ovale équarri orné, in-12, très belle ép., rare.

676 — *Voyez*. Ovale équarri orné grand in-8, d'après *Vanloo*. Superbe ép., marge vierge. Collection Ém. Martin.

677 — La même, la figure changée, belle ép., marge vierge.

678 — *Wartell*. Profil à gauche, in-4, très haute coiffure ornée de fleurs et de plumes. Superbe ép., grande marge.

679 — *Le Rat*, d'après *Moreau*. — D'après *Croisey* et *Queverdo*. — Chiffre de la reine, d'après *Mayer*, tirés de la collection Roth. 3 p. in-12 superbes.

680 **Marie - Antoinette**, d'après Mme Le Brun, par *Desmaisons*, dirigée à droite. — La même, dirigée à gauche, par *Maurin* avant la lettre. 2 p. lithog. in-fol., très belles ép., marge.

681 — The amiable Family. La reine Marie-Antoinette, Louis XVI et leurs enfants, Madame Elisabeth et la duchesse de Polignac, assistent à une représentation de l'Opéra, en couleur, par *Tennob* (Bonnet), d'après *Hambert*. Superbe ép. in-4 en travers. Pièce publiée à Londres, grande marge, très rare. Collections Laberaudière et Michelot.

682 **Marie-Antoinette**. Portraits anonymes. Profil à droite, grande coiffure à plumes, teinté de couleurs, petit in-fol. Superbe ép., marge vierge.

683 — Profil à droite, ovale in-8; au-dessous, *M. Antoinette R. d. F.* Eau-forte.

684 — Profil à droite, ovale in-8 dans un trait carré. Superbe.

685 — dirigé à droite, ovale équarri in-8. *Avec tous les moyens de plaire*, etc. Rare.

686 — Ovale in-8, coiffure avec plumes et aigrette, avant toute lettre. — Avec la lettre la figure changée. 2 p. superbes, toute marge.

687 — d'après Mme *Le Brun*, carré in-8. Très belle.

688 — Ovale in-4, d'après Mme *Le Brun*, avant toute lettre.

689 — Claire-voie, coiffée avec plumes. — Carré, tenant une rose. 2 p. in-8 sur chine.

690 — de face. Ovale équarri in-fol., coiffure avec plumes et aigrette, dans les angles une fleur de lis. Manière noire.

691 — La même, les angles effacés, l'ovale seul, chez *Christy*.

692 — Rond; au bas ses adieux à sa famille, in-4. Belle ép.

693 — Profil à gauche, petit rond, le nom autour, en bistre. Superbe ép., toute marge.

694 — Profil à gauche. Ovale équarri, haute coiffure, plume et aigrette. In-12.

695 — Profil à gauche, ovale équarri; au bas, écusson d'armoirie, ovale couché, remargé. Collection Ém. Martin.

696 — Eau-forte claire-voie. — Rond, coiffure à
plumes. — Ovale équarri. 3 p. in-12.

697 — Ovale équarri, manière noire, grand in-8.
— Carré, d'après Mme *Le Brun*, in-8, marge.
2 p.

698 — Carré, in-8, gravé en Angleterre. Magnifique
ép. avant toute lettre, sur chine, toute marge.

699 — Ovale in-8, avant toute lettre, coiffure plume
et aigrette. — La même, avec la lettre. 2 p.
très belles, toute marge.

700 — Rond équarri in-8. Très belle ép., marge.

701 — Claire-voie in-4, dessiné et gravé par *Ganu*.
Très belle ép., toute marge.

702 — Claire-voie in-8, sur chine, eau-forte, pour
le Bibliophile français. Superbe ép., toute
marge.

703 — La reine, très petit portrait ovale équarri
orné de fleurs, colorié. Très rare.

704 — Par Mme *Soyer*, au trait. — Par *Geoffroy*,
en prison. — Sur bois, d'après *Duplessis
Bertaux*, etc. 4 p.

705 — Lithographie, par *Leconte*, 1822, en veuve,
à la conciergerie, in-4, superbe, dirigé à
droite.

706 — *Grevedon*, rogné, rare. — *Jacob*, ovale,
d'après Mme Le Brun, 2 petits in-fol. — *Garnier*.
— *Leberthais*, sur chine, 2 in-fol. En tout 4 p.

707 — Dirigé à gauche, *Alfred D.*, 1824, d'après
Mme *Le Brun*. Très belle ép., rare, petit in-fol.

708 — d'après Mme *Le Brun*, étranger. — *Maurin*,
texte anglais. — *Rosbaeh*. — *Delpech*. — Sur
bois, par *Linton*. 5 p. in-8.

709 — La Révolution, drame en 5 actes; le portrait de Marie-Antoinette, en typographie, est au milieu. Très grand in-fol., affiche.

710 *Marie-Antoinette* en pied, en grand costume de cour, par *Deny*, d'après *Desrais*, colorié. Superbe, petit in-fol.

711 — en habit de cour, petit in-fol. colorié. Elle touche la couronne de la main gauche.

712 — comme dauphine, grand in-8, publié à Londres. Très belle.

713 — approchant d'une statue, eau-forte pure petit in-fol. Au bas, écrit à l'encre : *Fait par Edme Victor Toupet*. Très rare, probablement n'a jamais été terminé.

714 — *Pauquet*, avant la lettre sur chine. Magnifique ép., toute marge.

715 — La même avec la lettre. — Assise, d'après Mme *Le Brun*. 2 p. Superbes ép., toute marge.

716 — assise, par *Mote*, d'après *Colignon*, magnifique ép., très grande marge. — La même, 2 états différents. 3 p. grand in-8.

717 — assise. *Pollet*, d'après Mme *Le Brun*. 2 p., états différents, grand in-8. Superbes.

718 — Au trait. — En pied, par *Janet*, 2 états différents. 3 p.

719 — tenant son fils, par *Mondain*, 2 états différents et autres. 4 p.

720 — dans un traineau, sur la glace, eau-forte pure. — Avant la lettre sur chine, par *Leguay*. Avec le titre Le Collier de la reine, d'après *Phillipoteaux*, in-8. Très belles ép. 3 p.

721 — en prison. Elle regarde les rayons du ciel; à côté le plan de sa prison. Petit in-fol. avant toute lettre, marge, superbe, très rare.

722 — par *Lefèvre*, d'après *Desenne*, avant la lettre sur chine et sur blanc. 2 p. in-8. superbes, toute marge.

723 — par *Pelée*, d'après *Scheffer*, sur chine. — Par *Forssel*, d'après *Desenne*. 2 p. in-8 très belles.

724 — Costumes de Marie-Antoinette dans Balsamo à l'Odéon, joué par Mme Hélène Petit, aquarelle petit in-fol. par Thomas. Superbe.

725 — Autre costume par Thomas, pour le même rôle. Petit in-fol. Aquarelle superbe.

726 — Les deux costumes, positions changées, lithog. par Chatignier, coloriés.

727 **Profils en blanc.** — Trois Profils, dont celui de Louis XVI à la gorge d'un sans-culotte qui danse, rond équarri grand in-8 en couleur. Superbe ép., toute marge, rare.

728 — Le même, en noir, les deux profils en haut dans l'arbre sont couverts de tailles et peu visibles. Très belle ép.

729 — Rond in 8, trois profils sur l'urne et deux sur l'arbre, la femme qui pleure, à gauche, assise (Saule pleureur).

730 — Saule pleureur, même composition. In-4.

731 — Saule pleureur, composition un peu diffé-rente, la femme assise à terre. In-4, très belle ép.

732 — Contre-partie du Saule pleureur; la femme assise sur une pierre est à droite. In-4 avant toute lettre. Superbe.

733 — Une Guillotine; au bas les profils de Louis XVI et de Marie-Antoinette renversés; en haut deux profils formés par des serpents, eau-forte par *Beer*, 1794. — Marie-Antoinette et Louis XVI, profils dans des serpents, couronne brisée, etc.; profils de la reine et du roi d'Angleterre à un espèce de vase couronné. 2 p. rares.

734 — Vase et Saule pleureur avec trois profils, ovale grand in-8, légèrement colorié. — Copie sur bois, in-8, avec quatre profils contre-partie; le saule pleureur est à gauche. 2 p. très rares.

735 — Vase avec deux profils et deux saules pleureurs, le grand à gauche, quatre profils, rond in-8 avant toute lettre. — Contre-partie, même composition, rond équarri, tablette marbrée, 2 p. in-8. — Dessin à la mine de plomb, rond seulement. 3 p.

736 — Même composition. Le médaillon est accroché, avant et avec les marbrures sur la tablette. 2 p. in-8. Superbes ép.

737 — Même composition. Le médaillon n'est pas accroché, la tablette longue et régulière est blanche. 2 ép. de planches différentes exactes. Superbes ép. avant toute lettre, marge.

738 — Saule pleureur avec les profils de Louis XVI, Marie-Antoinette, le Dauphin, Mme 1re, Mme Élisabeth. La France en pleurs est à gauche, in-4. Superbe ép., marge vierge.

739 — Le même colorié. Superbe, toute marge.

740 **Marie-Antoinette.** Profil dirigé à droite, haute   115
coiffure à plume. — Jeune Femme en chapeau.
— L'Amour dormant. 3 petits ronds en couleur
pour boutons. Superbe.

741 — et Louis XVI. 2 ovales joints par des fleurs,   30
in-4 en rouge, chez *Esnauts* et *Rapilly*. Magnifique ép., toute marge, rare.

742 — et Louis XVI. 2 petits ovales équarris, par   36
Le Beau. Magnifique ép., marge vierge, rare.

743 — et Louis XVI. 2 petits ovales, profils en   135
regard, par *Saint-Aubin*. Magnifique ép., très
rare.

744 — et Louis XVI réunis dans un petit rond
in-8; en bas : *le roi d'un peuple est seul un roi*
puissant, rare. Louis XVI à gauche.

745 — et Louis XVI réunis dans un rond in-8, par   26
Le Roy. Superbe épreuve, marge. Louis XVI
à gauche.

746 — et Louis XVI réunis dans un petit rond; en
bas, quatre vers, *dans les fers, sur le trône*, etc.

747 — et Louis XVI réunis, rond in-8; en bas,   10
lorsque pour vous, nous perdîmes la vie, etc.
Superbe, toute marge.

748 — Louis XVI et Mme Élisabeth, profils superposés, couronnés. Petit in-8, rare, dirigés à
droite.

749 — Le Roi, la Reine, le Dauphin. Médaillon sur   22
un obélisque, la tablette blanche, avant toute
lettre, par *Saint-Aubin*. Superbe.

750 — Le même, avec la lettre, sans nom d'artiste.   20

751 — Le Roi, la Reine, le Dauphin et sa Sœur, 2
rond in-8. — Famille de Louis XVI, quatre
profils superposés. — Famille royale de France,
cinq profils réunis dans un rond in-8. 3 p.

752 — Le Roi, la Reine et les deux Enfants de face, 10
dans un rond in-8, avant toute lettre, rare,
marge.

753 — Le Roi, la Reine, le Dauphin, profils à 2 50
gauche, rond sur un piédestal : *Triomphez
aujourd'hui, généreuses victimes.* Petit in-4.
Superbe, toute marge.

754 — Le Roi, la Reine, le Dauphin, rond in-8, 1
toute marge.

755 — Le Roi, la Reine, le Dauphin, rond équarri, 26
la tablette blanche, par *Biosse*, d'après *Saint-
Aubin*, in-8. Superbe ép., marge.

756 — Les trois Profils, ovale équarri, par *Berthet.* 2
Superbe.

757 — Les mêmes, par *Ruotte*, d'après *Sauvage*, 4
sur un obélisque grand in-8. Très belle ép.

758 — Quatre Profils au-dessous de Louis le Désiré. 1 50
— Quatre Profils en couleur : Famille de
Louis XVI. — Bouquet d'immortelles, colorié.
Il y a sept personnages. 3 p.

759 — *Mnemosine.* Médaillon Louis XVI. Marie- 1 50
Antoinette, une Femme voilée est assise
auprès. Lettre grise et avec la lettre. 2 p.
Superbes, toute marge.

760 — **L. Ch. de France**, dauphin, cuirassé sur 70
son bouclier. Trois profils, in-8 octogone en
bistre.

761 — Marie-Thérèse, Marie Leczinska; Mme Louise,
Mme Victoire, Mme d'Artois, duchesse d'Angou-
lème, Mme Élisabeth, réunis. In-8.

762 — Les Filles de Louis XV, Mme Élisabeth,
Mme d'Angoulême. Six portraits réunis; avant
toute lettre. Superbe ép., petit in-fol., toute
marge.

763 — Testament de Louis XVI, les trois profils
dans une étoile, grand in-4, le Temple est au
bas. Très belle ép., marge.

ALLÉGORIES, CARICATURES

PIÈCES HISTORIQUES ET RELATIVES A

MARIE-ANTOINETTE, LOUIS XVI ET FAMILLE

764 **Allégorie.** Les Sentiments de la nation :
Marie-Antoinette tenant son fils devant le
buste de Louis XVI, entouré de fleurs et attributs, la Fidélité, l'Espérance. Petit in-fol. par
Janinet, d'après *Huet*. Très belle ép., très rare.

765 — La même composition, contre-partie, le
buste de Louis XVI est à gauche, in-4, chez
Isabey. Très belle ép.

766 — Marie-Antoinette, entourée de figures allé-
goriques, tend les bras à la France agenouillée.
Grand in-4 par *De Longueil*, d'après *Cochin*.
Superbe ép.

767 — La même. On a ajouté le petit Dauphin que
la France reçoit dans ses bras; le texte en bas
est changé.

768 — Les Grâces ornent de fleurs le buste de
Marie-Antoinette, d'après *Moreau* le jeune
par *Le Véau*. frontispice pour Métastase, in-8.
Superbe ép., marge vierge. Collection Em.
Martin.

769 — Frontispice pour la bibliothèque de Mme la
Dauphine, **Marie-Antoinette** entourée des
Grâces, in-8 par *Eisen*. Superbe ép. avant la
lettre et avant les draperies, marge, très rare.
Collection Em. Martin.

770 — La même, avec la lettre et les draperies. —
Copie, contre-partie, la Dauphine regarde à
droite. 2 p.

771 — **Marie-Antoinette** répandant des richesses
sur le peuple; elle regarde le portrait de
Louis XVI. Eau-forte pure avant toute lettre.
— Terminé par *Hemery*, d'après *Queverdo*.
2 p. in-8.

772 — Vignettes in-12 avec explications gravées
pour un almanach (le Mariage de Marie-Antoinette, etc.). 4 p, sur la même feuille, toute
marge, rare.

773 — Pour le mariage de Marie-Antoinette et
Louis XVI, in-8 par *Marchand* d'ap. *Desrais*.
Superbe ép., marge.

774 — La France reçoit avec transport des mains
de l'hymen le prince qui vient de naître.
Grand in-8 par *Le Grand*, d'après *Beauvais*.
Très belle ép.

775 **Campana** (D'après). Marie-Antoinette présen-
tant le Dauphin à la France. Petit in-fol.
Magnifique ép.

776 **Duffos.** *Il prend le bon Henri pour maître et
pour modèle :* Louis XVI, la reine et son fils.
Charmante pièce in-8 d'ap. *Marillier.* Superbe
ép., marge.

777 MOREAU le jeune, 1773. Exemple d'humanité
donné par Mme la Dauphine (**Marie-Antoinette**),
pendant une chasse. Dessin à l'encre de chine.
Signé.

778 **Godefroy.** Exemple d'humanité donné par
Mme la Dauphine (**Marie-Antoinette**), in-4.
Eau-forte pure, très rare, superbe.

779 — Le même, terminée avec un encadrement.
Superbe ép., toute marge.

780 — Emblèmes. Médaillons avec vers, présentés
au roi et à la reine. 2 p. in-fol. d'ap. *Berainville*,
superbes.

781 **Le Brun** (D'après Mme). Marie-Antoinette et
ses enfants, ovale in-4 orné. Superbe ép. avant
toute lettre, sur chine, marge.

782 **Legrand.** La Reine présente le Dauphin à la
France, d'après *Dardel.* Ovale grand in-4 en
couleur. Superbe ép. Collection Michelot.

783 **Née** et **Masquellier.** *Français! votre Roi
jure de vous rendre heureux.* Petit in-fol.
d'après *Monet.*

784 **Rousseau.** Eugénie ou la Noblesse (**Marie-
Antoinette** offrant une petite statue à Minerve
qui soutient le portrait de Marie-Thérèse,
d'après *Cochin*, 1780. Petit in-4. Magnifique
ép. avant toute lettre, marge vierge,

785 **Caricatures**. Le portrait de Marie-Antoinette sur le corps d'une panthère, des serpents sortent de sa chevelure, dirigée à droite. Rond in-8 avant toute lettre, très rare.

786 — Les deux ne font qu'un : tête de Louis XVI sur la moitié du corps d'un bélier; l'autre moitié d'un corps de hyène avec la tête de Marie-Antoinette. In-fol., coloriée in-4. Très rare.

787 — La Famille des cochons ramenée dans l'étable. Eau-forte in-4, coloriée. Très rare.

788 — Les Animaux rares ou la Translation de la ménagerie royale au Temple : le sans-culotte mène le dindon, la louve, les louveteaux. Manière noire in-4, bien gravée. Superbe ép., très rare.

789 — Le ci-devant grand Couvert de Gargantua moderne en famille : Louis XVI, Marie-Antoinette, etc. Très grand in-fol., très rare. Collection Muhlbacher.

790 — L'Égout royal : Toute la famille marchant dans l'égout. — Bailly faisant ses ordures sur le roi. Petit in-fol., eau-forte coloriée, toute marge, très rare.

791 **Villeneuve**. Marie-Antoinette, la Médicis du xviiie siècle, sur le médaillon ovale, pendu dans une lanterne. Pièce in-4, très bien gravée en manière noire; en haut est écrit : *La Panthère autrichienne vouée au mépris*, etc.; en bas le texte le plus infâme que l'on ait pu inventer contre la reine. Superbe ép. d'une pièce de la plus grande rareté, grande marge. Collection Muhlbacher.

792 **Pièce historique.** Mariage de Marie-Antoinette, grand in-8, par *Higham*. Superbe ép. avant imp. de Drouart, grande marge. — La même, avec Drouart. 2 p.

793 — Louis XVI prononce un discours pour le bonheur de son peuple, in-8, par *N. De Launay*, d'après *Borel*. Superbe ép., toute marge.

794 — Le Bosquet. In-8, très belle ép., marge.

795 — Vue intérieure de Notre-Dame à l'arrivée de la reine pour l'action de grâce de la naissance du Dauphin, petit in-fol., par *Née*, d'après *Moitte*.

796 — Journée du 20 juin 1792. Petit in-fol., très belle ép.

797 — La Tour du temple, rond in-4 lithog. coloriée, par *Pernot*. — Monument érigé dans le cachot de la reine, lithog. par *Urruty*. In-4 sur chine. 2 p.

798 — Vignettes, Arrestation à Varennes, Jugements, Exécutions, etc. 34 p. in-8.

799 — **Adieux de Louis XVI à sa famille**, rond, au bas divers objets de prison. In-8 en bistre; superbe, rare.

800 — Rond in-8, eau-forte non terminée. — Le même, terminé avant toute lettre, toute marge. — Le même, avec la lettre. 3 p. superbes.

801 — *Burdet*, d'après *Raffet*, in-8 en travers avant la retouche sur chine; retouché. 2 p. superbes.

802 — *Lejeune*, avant la lettre sur chine. — Copie du même sens. 2 p. in-8, en travers, superbes.

803 — *Maulet*, d'après *Scheffer*, sur chine in-8 en travers. — *Leguay*, avant la lettre chine. — Autre, eau-forte pure, avant la lettre. 3 p. superbes.

804 — In-4, eau-forte pure par *Pauquet*. Superbe ép. avant toute lettre, marge. Collection Em. Martin.

805 — Le même, terminé par Alex. *Tardieu*, d'après *Monsiau*. Superbe ép.

806 — Par *Vinkeles*, d'après *Benazeck*. In-4 en travers, avant la lettre, superbe.

807 — Séparation de la famille, par *Vinkeles*. In-4 en travers.

808 — Ovale grand in-8, en travers, en couleur, avant toute lettre, rare.

809 — Adieux de Marie-Antoinette à ses enfants, in-8, en travers, par *Vinkeles*, très belle ép.

810 — Adieux de Louis XVI. — Adieux de Marie-Antoinette. 2 p. in-8, toute marge.

811 — Bas-relief au-dessous de son portrait en couleur, petit in-fol., très belle ép.

812 — Adieux de Louis XVI à sa famille, petit rond au-dessus de son testament, in-fol., très belle ép., toute marge.

813 — Fin tragique de Marie-Antoinette, la Guillotine, le Bourreau présente la tête au peuple, in-fol., texte français et italien, très belle ép., marge, très rare.

814 **Benazech** (D'ap.). La Séparation de Louis XVI de sa famille, par *Cardon*. — La dernière Entrevue de Louis XVI avec sa famille, par *Schiavonetti*. — Louis XVI avec son confesseur Edgeworth un instant avant sa mort, par *Cardon*. 3 p. in-fol., très belles ép.

815 **Berthault**. Le Roi arrivant à Paris avec sa famille, escorté de plus de trente mille âmes, 6 octobre 1789. In-fol., d'après *Prieur*, superbe ép., marge vierge.

816 — Arrestation de Louis Capet à Varennes, 22 juin 1791. Superbe ép., marge vierge.

817 — Retour de Varennes. Arrivée de Louis Capet à Paris, 23 juin 1791. Superbe ép., marge vierge.

818 **Bol-Sein** de la laiterie de Trianon, en couleur in-4, superbe, toute marge, rare.

819 **Casenave**. Jugement de Marie-Antoinette au tribunal révolutionnaire, très grand in-fol., d'ap. *Bouillon*, très belle ép., marge.

820 **Chalamel**. Histoire-Musée de la République française. 58 p. in-8.

821 **Cheffard**. Brevet de la loge des neuf sœurs au grand Orient de Paris, avec portrait-médaillon de L. P. J., duc de Chartres, grand maître D. G. O. D. P. Magnifique ép., in-fol., avant la lettre, marge, de la plus belle condition.

822 **Cochin** (D'ap.). Allégorie : Louis XVI soutenu par la justice et la sagesse répand l'abondance sur son peuple, petit in-fol., par *de Longueil*. Magnifique ép., marge vierge de la plus grande fraîcheur.

823 — Le même, avec la lettre, superbe ép., marge vierge de la plus belle condition.

824 **Dagoty**. Bienfaisance de la reine Marie-Antoinette, manière noire, grand in-fol., d'une grande rareté.

825 **David**. Louis XVI, à l'assemblée nationale, accepte la constitution. On reconnait Lafayette, Bailly, Thouret; au fond se voient Marie-Antoinette et le Dauphin, superbe ép. in-fol. très rare.

826 **Debucourt**. Mme la duchesse d'Angoulême au tombeau de ses parents, petit in-fol., d'après *Mallet*, belle ép., très rare.

827 **Desmarets**, prêtre (D'ap.). Tableau monumental. — Portraits d'Henri IV, Marie-Antoinette, Louis XVI, Mme Elisabeth, duc de Berry, Louis XVII, duc d'Enghien, le testament de Louis XVI, court dans toute l'étendue. lithog. grand in-fol., rare.

828 **Discours** du roi, le 5 mai 1789, à l'ouverture des États-Généraux avec les profils de Louis XVI et Marie-Antoinette, in-fol., sur satin, d'une grande rareté.

829 **Duclos**. La Reine (Marie-Antoinette) annonçant à Mme de Bellegarde des juges et la liberté de son mari, d'après le dessin de même grandeur, par *Desfossés*, pièce très importante de l'époque, tous les personnages sont portraits, très belle ép. avant la lettre.

830 **Duplessi-Bertaux**. Petites Scènes de la révolution, 16 sur 2 feuilles. Batailles, d'après *C. Vernet*, etc. 3 in-fol., en tout 5 feuilles et 2 petites pièces.

831 **Duplessi-Bertaux?** Adieux de Louis XVI à sa famille, eau-forte pure, petit in-fol. Cette pièce n'a pas été terminée, très belle ép.

832 **Duthé.** Louis XVI et son auguste famille au
sein de la gloire céleste. Très grand in-fol., très
belle ép.

833 **Gaucher.** Le Rappel de M. Necker. —
Louis XVI. Marie-Antoinette personnifiant
la France, et M. Necker, en pied, in-fol., superbe ép. avant la lettre, toute marge.

834 **Godefroy.** Exemple d'humanité, donné par
Mme La Dauphine (**Marie-Antoinette**) pendant
une chasse, in-4, d'après *Moreau*, très belle
épreuve.

835 **Guyot.** 1re Vue de Trianon du côté du canal,
petit in-fol. en couleur, d'après *Sergent*, superbe ép., marge.

836 **Jazet.** Louis XVI recevant le duc d'Enghien
au séjour des bienheureux. Superbe ép. avant
la lettre, très grand in-fol., marge, avec la
feuille d'explication.

837 — La même, superbe ép. avec la lettre; la
famille royale et nombre de personnages; sont
reconnaissables.

838 **Leguay.** Adieux de Louis XVI à sa famille,
in-8, superbe ép. d'artiste, le nom à la pointe,
marge in-fol.

839 **Le Mire.** A la Reine, profil à gauche de **Marie-
Antoinette**, médaillon soutenu et entouré de
figures allégoriques, petit in-fol., d'ap. *Moreau
le jeune*, superbe ép., marge vierge.

840 **Masquelier.** Les Vœux du peuple, confirmés
par la religion, d'après *Fragonard*, très belle
ép. sur chine sans titre, toute marge.

841 **Massard** (Louise). Marie-Thérèse confiant sa fille Marie-Antoinette à la France, superbe ép. petit in-fol. avant la lettre, avec les armoiries du duc d'Orléans, toute marge.

842 **Moreau le jeune**. Serment de Louis XVI à son sacre, magnifique ép., immense in-fol., marge vierge. On remarque la reine dans une tribune et grand nombre de personnages marquants de l'époque.

C'est la pièce la plus importante de l'œuvre de Moreau.

843 — Ouverture des Etats-Généraux, au fond le roi, la reine et la famille royale, in-fol., superbe et très rare ép. d'eau-forte pure, le nom à la pointe.

844 — Serment à l'ouverture des Etats Généraux. Louis XVI, Marie-Antoinette et famille se voient au fond, in-fol., superbe ép. d'artiste, le nom seul à la pointe, rare de cet état.

845 **Moreau** le jeune (D'ap.). La Dauphine (**Marie-Antoinette**) soulageant une famille de paysans pendant une chasse, in-8, par *Duclos*, superbe épreuve.

846 — Autre scène de bienfaisance, par *Le Mire*, in-8, superbe.

847 **Née** et **Masquelier**. Les Vœux du peuple confirmés par la religion, d'après *Monnet*. — Les Garants de la félicité publique, d'après *Saint-Quentin*, allégories sur **Marie-Antoinette** et Louis XVI. 2 p., très belles ép. avant la lettre.

848 — Les Vœux du peuple confirmés par la religion, avec la lettre, superbe ép., marge.

849 — Les Garants de la félicité publique, magnifique ép., marge vierge.

850 **Pauquet.** Intérieur villageois. Le père élève son tout petit enfant pour embrasser le buste de **Marie-Antoinette**, très belle eau-forte pure, grand in-fol. de la plus grande rareté.

851 **Prévost.** Hommage des Arts, qui offrent leurs cœurs au médaillon de **Marie-Antoinette**, profil à droite, qui est soutenu par des Amours qui l'entourent de fleurs. Charmante pièce in-fol., d'ap. *Cochin.* Superbe ép. avant la lettre, marge, rare.

852 — Le même, avec la lettre. Superbe ép., marge.

853 — Le même, tout le haut avec le médaillon enlevé et remplacé par un grand ange tenant un drapeau où se lit *Liberté;* au bas, dans une couronne de roses, *Prix d'émulation*, 1793. *Institution des citoyennes Hurard, à Rouen.* Très belle ép., marge.

854 **Silanio.** La Reine **Marie-Antoinette** conduite publiquement au supplice dans un tombereau, accompagnée du bourreau et escortée par la garde nationale de Paris, le 16 octobre 1793. In-fol. d'ap. *A loisin.* Pièce d'une grande rareté.

855 **Taraval** (G.). Fontaines des Muses. Projetée en mémoire de la protection accordée à la littérature et aux arts, par **Marie-Antoinette**, reine de France. — Vue perspective d'un monument projeté à la gloire de Louis XVI. 2 p., immense in-fol. Très belles ép., toute marge.

856 **Testaments** de Louis XVI et de Marie-Antoinette, avec leurs portraits, et la liste des
régicides. Grand in-fol. imprimé en noir et
en rouge.

857 **Testament** de la Reine imitant parfaitement
son écriture, avec son portrait de profil et le
testament du roi. 4 p.

858 **Vendramini**. Procès de Louis XVI, d'après
Pelegrini. Très belle ép., lettre grise, in-fol.

859 **Vérité**. Journée du 20 juin 1792, au château
des Tuileries. Très grand in-fol., d'ap. *Bouillon*.
Très belle ép., marge.

860 **Vignettes**. Sujets relatifs à la naissance du
Dauphin où se voit plusieurs fois **Marie-
Antoinette**. 12 petites pièces gravées sur la
même planche, pour l'almanach de la cour
de l'époque. Superbe ép., toute marge, très
rare.

861 — Personnages morts sur l'échafaud et les
bourreaux. 21 p. in-8.

862 — Cimetière de la Madeleine. Ovale in-4, par
de Saulx. Très belle ép., marge.

ÉCOLE DU XVIII° SIÈCLE

863 **Anonyme**. Le Matin : Femme lisant une lettre
à son lever. In-8 en couleur. Superbe ép. Collection Michelot.

864 — L'amour à la cuisine, l'amour au salon. 2 ovales in-8 en couleur, sur la même feuille. Très belles ép.

865 **Bonnet**. La Jarretière. Jolie composition in-fol. en couleur, le fond de l'appartement est vert. Superbe ép., grande marge, rare.

866 **Boucher** (D'après). Léda. Sanguine in-4, par Demarteau (220). Superbe.

867 **Chodowiecki**. L'Énéide travestie. 12 petites pièces. Superbes ép.

868 — Gil Blas. 12 petites pièces. Superbes.

869 **Coypel** (D'ap. Ch.). Georges Dandin. Comédie de Molière. In-fol., par *Joullain*. Superbe ép., toute marge, très rare.

870 **Cochin**. Décoration du bal masqué donné par le Roi, dans la grande galerie du château de Versailles, pour le mariage du Dauphin, 1745. Très grand in-fol., nombre immense de costumes, on reconnaît les principaux personnages. Superbe ép., toute marge.

871 **De Mare**. Billet d'entrée particulière pour visiter la collection d'Estampes du xviiiᵉ siècle, de M. G. M., 1881, entourage orné d'amours. Superbe.

872 **Eisen** (D'ap. Ch.). Le Cas de conscience, par *Tardieu*. Superbe ép., marge rare, chez *Buldet*, conte de La Fontaine. In-fol.

873 **Lancret** (D'après). Les Troqueurs, par *De Larmessin*, conte de La Fontaine, in-fol. Superbe ép., marge, chez *De Larmessin*.

874 — Le Philosophe marié. Grand in-fol., par *C. Dupuis*. Superbe ép., marge, 1er état avec coeur au lieu de cœur. Collection Roth.

875 **Larmessin**. École d'amour pour se faire aimer, avant toute lettre, — avec la lettre (Tabatières). 2 p. Très belles ép.

876 **Lavreince** (D'après). Le Retour trop précipité, in-fol., par *Pierron*. Magnifique ép., marge vierge.

877 **Lorrain** (D'après). La Chose impossible, par *Sornique*. Superbe ép., chez Buldet. Grande marge, rare. Conte de La Fontaine, in-fol.

878 **Martin**, suivante de Flore. — Costume de Furie, d'après lui, par *Gaillard*. 2 p. pour les ballets de l'Opéra. Grand in-4, très rares.

879 **Martinet** (Chez). L'Équilibre perdu, in-4. Très belle ép.

880 **Martinet** (Thérèse). Annette et Lubin. 2 p. grand in-8. Superbes ép., marges vierges.

881 **Née** et **Masquelier**. Les Garants de la félicité publique, d'après *Saint-Quentin*, allégorie sur Marie-Antoinette et Louis XVI. Superbe ép. avant la lettre, grande marge.

882 **Pater** (D'après). Le Baiser donné. — Le Baiser rendu. 2 p. par *Fillœul*. Superbes ép., toute marge, adresse chez *De Larmessin*. Contes de La Fontaine, in-fol.

883 **Picart** (B.). Les Calculs de l'algèbre, in-8 en travers. Superbe ép. d'une charmante pièce, allégorie d'amours et d'enfants. Toute marge.

6

884 — Quoy qu'en dise Aristote, et sa digne cabale (Tabatière). Superbe ép., toute marge.

885 **Petits Sujets** dits Tabatières. Léda, in-8. Superbe ép. avant toute lettre, toute marge.

886 — Les Amants surpris. — Jupiter en aigle, par *Picart*. — Le Camouflet et autres. 6 p. Très belles.

887 **Varin** (P. Adolphe). Ex libris : un tout petit enfant tenant un gros livre où se trouve E. G. Superbe ép., toute marge.

888 — Ex libris. Trois Amours entourent de fleurs les lettres H. G. Superbe ép., marge in-4.

889 **Métamorphoses** de Melpomène et de Thalie ou Caractères dramatiques des Comédies française et italienne, 23 costumes, le titre et la table gravée. En tout 25 p., vol. petit in-4 broché, en carton. A Paris, chez l'auteur, rue Saint-Honoré, et autres.

—

ESTAMPES MODERNES

890 **Boilly** (L.), 1830. Spectacle gratis. — L'Effet -du mélodrame. 2 lithog. grand in-fol. Superbes ép., toute marge.

891 — Le Pied de bœuf. — La Main chaude. 2 lithog. grand in-fol. Superbes ép., toute marge.

892 — Le Jeu de billard. — Le Jeu de l'écarté. — Le Jeu du tonneau. — Le Cabaret. 4 lithog. grand in-fol. Superbes ép., toute marge.

893 **Bourgeois**. Vues de la grande Chartreuse. 16 lithog. petit in-fol., toute marge.

894 **Charon** (Chez). On n'entre pas : un homme entre chez une dame, à sa toilette. Petit in-fol. Très belle ép., toute marge.

895 **De Mare**. Billet d'entrée, d'après *Moreau*, avant la lettre, grande marge. Superbe.

896 — Le même, Billet d'entrée particulière pour visiter la collection d'Estampes du xviii° siècle de M. G. M., 1881. Superbe ép.

897 **Ducis** (D'après). Louis XIV et Mlle Lavallière causant dans le parc, in-fol. Superbe ép. avant toute lettre, sur chine, toute marge.

898 **Flameng**. Naissance de Vénus, eau-forte, in-4. Superbe ép. sur chine, toute marge, d'après *Cabanel*.

899 — Angélique, d'après *Ingres*, ovale in-4, avant toute lettre, sur chine, toute marge. Superbe épreuve.

900 — La Source, d'après *Ingres*, in-4, avant la lettre sur chine. Superbe ép., toute marge.

901 **Forster**. Les Trois Grâces, d'après *Raphaël*. Très rare ép. d'eau-forte pure, en bistre.

902 **Gavarni**. La Camaraderie, tiré du monde dramatique. Lith. grand in-8.

903 **Grandville**. Les Métamorphoses d'Arlequin. 12 p. en noir. Superbes ép., toute marge.

904 **Guillaumot**, fils. Costumes du Directoire, tirés des Merveilleuses, avec une lettre de M. Victorien Sardou. 20 eaux-fortes sur chine. Superbes ép.

905 **Guilmet**, d'après *Cochin*. Scène de Galathée, on voit le théâtre et la scène, sur chine, sur papier vergé et en rouge. 3 p. avant toute lettre, toute marge. Superbes.

906 **Johannot** (Alfred et Tony). Très petites Vignettes à deux sur la feuille. 15 sujets sur 8 feuilles. Superbes ép. sur chine, toute marge.

907 — Vignettes, Sujets écossais, etc. 10 p. sur chine. Superbes, toute marge.

908 — Vignettes pour Fenimore Cooper, etc. 9 p. sur chine, toute marge. Superbes.

909 — (D'après). Vignettes pour Atala, les Martyrs et autres. 9 p. sur chine. Superbes, toute marge. Toutes ces Vignettes sont avant la lettre.

910 **Monnier** (Henri). Le Mariage de raison. — Michel et Christine. — L'Héritière. — La Mansarde des artistes. 4 p. coloriées. Répertoire du Théâtre de Madame.

911 — Le Sénateur, tiré de Béranger, in-4 colorié. Superbe et toute marge.

912 **Oudart** (Félix). Carte d'entrée pour voir la Collection de M. K. Eau-forte, grand in-8 en travers.

913 **Photographie**. La Sainte-Chapelle, à Paris. In-fol. sous verre.

914 **Photographie**. Le Vacher de P. Potter, par A. Braun.

915 **Richomme**. Daphnis et Chloé : Chloé dort appuyée sur les genoux de Daphnis qui forme une couronne, grand in-fol. Superbe ép. avant toute lettre, sur chine, toute marge.

916 **Roger**. Histoire détaillée des Révolutions fran-
çaises, depuis 1787 jusqu'à nos jours, Louis-
Philippe Ier. Très grand in-fol., coloriée.
Vingt-huit portraits et trois scènes.

917 **Sixdeniers**. Properzia de Rossi, d'ap. *Ducis*,
in-fol. Superbe ép. avant la lettre, marge vierge.

918 **Travies** (D'après). Histoire de Mayeux. 40 p.,
petites caricatures, très rares, complet.

919 **Vallot**. Molière et sa servante, d'ap. *H. Vernet*.
3 ép. d'eau-forte pure dont 2 sur chine, grand
in-fol. Superbes.

920 **Varin** (P. Adolphe). Les Amants surpris. Petit
in-fol. Superbe ép., toute marge.

921 — Ex libris de ma tante Pauline Etevenon 1880 :
un tout petit enfant tenant un livre, 1re épreuve
avant 1880 sous le nom et 2e état. 2 p. Superbes,
toute marge.

922 — Ex libris : Trois Amours ornant de fleurs
les lettres H. E. G. Superbe, toute marge.

923 — Le même, le G posé sur l'E, peu visible.
Superbe.

924 — Le même, l'E rendu visible en blanc.
Superbe.

925 — Entourage pour titre, orné de treize Amours
et deux Femmes. Superbe ép. avant la lettre,
toute marge.

SOUS PRESSE

LA SECONDE PARTIE

De cette belle Collection

DE

PORTRAITS

ET

ESTAMPES

DU XVIII' SIÈCLE

EN NOIR ET EN COULEUR

VENTE

Du Lundi 2 au Jeudi 5 Avril 1883

L'ART DU XVIIIe SIÈCLE

DE MM. DE GONCOURT

15 Portraits gravés par Adolphe VARIN

GONCOURT (JULES de) auteur.
GONCOURT (EDMOND de) auteur.

MOREAU le jeune, dessinateur et graveur.
FRAGONARD (HONORÉ), peintre et graveur.
COCHIN, dessinateur et graveur.
PRUDHON, peintre et graveur.
CHARDIN (J.-SIMÉON), peintre.
GREUZE, peintre.
GRAVELOT, dessinateur,
SAINT-AUBIN (AUG.), dessinateur et graveur.
BOUCHER, peintre.
WATTEAU, peintre,
DÉBUCOURT, dessinateur et graveur.
LATOUR (M Quentin de), peintre au pastel.
EISEN, dessinateur.

CES 13 PORTRAITS PEUVENT ILLUSTRER

LES DESSINATEURS D'ILLUSTRATIONS AU XVIIIe SIÈCLE

Par M. le baron Roger PORTALIS

GILLOT (CLAUDE), dessinateur, graveur, par Legenisel.
WATELET (CLAUDE-HENRI), artiste amateur, par Legenisel.
L'ABBÉ DE SAINT-NON, auteur du *Voyage en Sicile*.
CHOFFARD (P.-PH.), dessinateur de fleurons, par A Varin.
BARON REGNAULT (J.-B.), peintre, par Legenisel.
LE COMTE (MARGUERITE), amie de Watelet, par Perron ard.
GAUCHER, graveur, par Adolphe Varin.
WILLE (JEAN-GEORGES), graveur, par Adolphe Varin.
DE MARCENAY DE GUY, graveur, dessinateur, par Legenisel.
DE LAUNAY (NICOLAS), graveur, par Adolphe Varin.

AVANT LA LETTRE OU LETTRE GRISE

Bistre ou noir sur chine, 10 portraits........... 25 fr. »
Bistre ou noir sur blanc, 10 portraits.......... 20 »

AVEC LA LETTRE

Bistre ou noir sur chine. Chaque................ 1 fr. 25
Bistre ou noir sur blanc. Chaque................ 1 »

Chez VIGNÈRES, rue de la Monnaie, 21, à Paris

PORTRAITS

Gravés par P.-A. Varin et Autres

POUR ILLUSTRER

LES GRAVEURS DU XVIIIe SIÈCLE

ESTAMPES, PORTRAITS, VIGNETTES

PAR

M. le baron R. PORTALIS et M. H. BERALDI

Publiés par MM. MORGAND et FATOUT

1er VOLUME	2e VOLUME
* Anselin.	Eisen.
* Balechou.	Fragonard
* Bartolozzi.	Gaucher.
Boucher.	Gillot.
* Cars.	Gravelot.
* Chedel.	Greuze.
* Chodowiecki.	* Hogarth.
Choffard.	* Janinet.
Cochin.	* Lalive de Jully.
Debucourt.	Launay (N. De).
* Denon.	Lecomte (Marg.).
* Desrochers.	* Longueil (De).

3e VOLUME

Marcenay (De).	Saint-Aubin (Aug. de).
* Miger.	Saint-Non (Abbé de).
Moreau le jeune.	* Schmidt (G.-F.).
* Ponce.	Watteau.
Prudhon.	Watelet.
Regnault.	Wille.

Les 15 Portraits avec * gravés spécialement pour cette suite, ne
se vendent qu'ensemble avant la lettre ou lettre grise.

Bistre ou Noir, 30 fr.; sur Chine, 37 fr. 50.

En Bistre ou en Noir, chaque............ **1** »
Sur Chine............................ **1 25**

Chez VIGNÈRES, éditeur, 21, rue de la Monnaie

Ve RENOU, MAULDE et COCK, impr^s de la Cie des Commissaires-Priseurs,
rue de Rivoli, 144.   34014

Désignation			
			23 796	50
780 Catalogues aff. = 10	78		
10 Mains chemises à 1.50	15		
Honoraires 10 %	237.9	65	
900 Catalogues	67.4	50	
100 afficheur et afficheur	52	55	3.199	70
Insertion au Moniteur des ventes	3.4	10	
Déclaration de Vente	2	20	
Timbre du Procès verbal	12	60	
Enregistrement	5	95	
Versement en bourse commune	749	70	
Honoraires Delestre	749	70	
Clerc et Crieur	48		
Location de la Salle n°4. 5 jours	199	20	
Transport à l'hôtel	12		
5 Jours au Commissionnaire	25		
Pour Supplément de travail	42		
Enregistrement de la Décharge	3	75	
	5.672	95	
Déduire 5 % des acquéreurs	1,189	35	4483	10
			19,313	40

VIGNÈRES

Rue de la Monnaie, 21 (ancien 13), à l'entre-sol.

ESTAMPES ANCIENNES & MODERNES

Éditeur des Eaux-Fortes, Paysages et Plantes

DE M. EUG. BLERY,

Collection de plus de 50,000 Portraits différents

ANCIENS ET MODERNES

Classés comme suit et par ordre alphabétique

ÉCRIVAINS. Littérateurs, Poëtes, Géographes, Mathématiciens.
ARTISTES. Peintres, Sculpteurs, Architectes, Graveurs.
MUSICIENS. Compositeurs et Exécutants.
ACTEURS et ACTRICES de toutes époques et de tous pays.
MÉDECINS. Botanistes, Chirurgiens, Minéralogistes, Naturalistes.
ECCLESIASTIQUES. Religieux, Catholiques, Réformés, Juifs.
CARDINAUX. — PAPES. — SAINTS et SAINTES.
DIVERSES CÉLÉBRITÉS. Chanceliers, Juges, Militaires, etc., etc.
RÉVOLUTIONS et EMPIRE. Députés et Généraux.
FEMMES CÉLÈBRES en tous genres.
CONDAMNÉS pour crimes, vols; Scélérats divers.
ORIENTAUX. Doges, Perses, Turcs, etc.
POLONAIS. Hongrois, Russes, etc.
ANTIQUES. Personnages célèbres de l'Antiquité (Grecs et Romains).
ROIS ÉTRANGERS et MAISONS PRINCIÈRES françaises et étrangères.
ROIS DE FRANCE classés chronologiquement.
COLLECTION classée par ordre alphabétique de Graveurs anciens
et modernes.
PORTRAITS en BISTRE. Collection de portraits inédits ou rares
reproduits nouvellement par la gravure.

Plus de 1,200 Portraits différents de la Galerie de Versailles

Très-convenables pour les illustrations et pour joindre avec les AUTOGRAPHES
étant tirés à part in-4.

Le Catalogue détaillé par ordre alphabétique : 1 fr.

Afin de faciliter les recherches des amateurs de Portraits, soit
pour les illustrations, soit pour les collections d'autographes ou
autres, *trois catalogues détaillés* (nos 1, 2, 3), de quelques collections de portraits qui peuvent se trouver chez moi, classés par
ordre alphabétique, seront remis ou envoyés aux personnes qui en
feront la demande affranchie.

Ve Renou, Maulde et Cock, impre de la Compagnie des Commissaires-Priseurs
rue de Rivoli, 144.   34014